GÜTERSLOHER
VERLAGSHAUS

Christian Schwarz

Leben satt

Alternative Gottesdienste
zu den Basics des Glaubens

Gütersloher Verlagshaus

Bibliografische Information der Deutschen Nationalbibliothek
Die Deutsche Nationalbibliothek verzeichnet diese Publikation
in der Deutschen Nationalbibliografie; detaillierte bibliografische
Daten sind im Internet über https://portal.dnb.de abrufbar.

FSC
www.fsc.org

MIX

Papier aus ver-
antwortungsvollen
Quellen

FSC® C005833

Verlagsgruppe Random House FSC® N001967.
Das für dieses Buch verwendete FSC®-zertifizierte Papier
Munken Premium Cream liefert Arctic Paper Munkedals AB, Schweden.

1. Auflage
Copyright © 2014 by Gütersloher Verlagshaus, Gütersloh,
in der Verlagsgruppe Random House GmbH, München

Umschlagmotiv: © Christian Schwarz
Druck und Einband: Těšínská tiskárna, a.s., Český Těšín
Printed in Czech Republic
ISBN 978-3-579-06194-8

www.gtvh.de

Inhalt

Vorwort...7

1. Teil
Zehn Wege zum Leben –
eine Gottesdienstreihe über den Dekalog.............9

Höchstgebot
1. Gebot..10

Du machst dir kein Bild
2. Gebot..21

Der Name Gottes
3. Gebot..33

Ein Sonn(en)tag für die Seele
4. Gebot..40

Vater und Mutter ehren
5. Gebot..50

Leben lassen
6. Gebot..61

Only You
7. Gebot..68

Lohn(t) Diebstahl?
8. Gebot..80

Ich war's nicht
9. Gebot..91

Unvergleichlich
10. Gebot.. 103

2. Teil:
Basics des Glaubens..................................... 114

Wer ist Dschieses?.. 115

Leben satt.. 122

Masken 131

Bin ich ansteckend?! 145

Armes Deutschland.. 155

Dock 7
Zugänge zu Gott 164

Mieses Karma.
Ist alles vorherbestimmt?.................................. 176

Wüste.. 182

Gelassen 192

ICH.
Gibt es gesunden Egoismus? 202

Das Kreuz mit dem Kreuz 213

Ich kann auch allein glauben!.......................... 224

Christsein – mehr Last als Lust? 233

Vorwort

Wer heute Menschen *neu* für den Gottesdienst gewinnen möchte, steht vor einer Herausforderung. Zwar wird die Praktische Theologie nicht müde zu betonen, dass sehr viele den Gottesdienst besuchen: an Heiligabend, zu Taufe, Konfirmation oder Bestattung, zur Einschulung oder zur Jubelkonfirmation. Das stimmt auch. Und doch sind dies in der Regel einmalige Besuche. Zudem kommt die Motivation dazu meist von außen: Ich gehe zur Trauerfeier, weil ich den Verstorbenen gekannt habe. Ich gehe meinen Eltern zuliebe an Heiligabend in die Kirche. Ich gehe zur Konfirmation, weil meine Nichte konfirmiert wird. Ich gehe zum Familiengottesdienst, weil mein Kind etwas vorführt, usw.

Mein Ziel als Gemeindepfarrer war es immer und ist es noch, Menschen Lust zu machen, aus rein egoistischen Motiven in den Gottesdienst zu kommen, einfach nur für sich selbst. Deshalb haben wir in meiner früheren Gemeinde als eine Art Zweites Programm ein alternatives Gottesdienstformat etabliert, die sogenannten COME-Gottesdienste. Es läuft inzwischen schon über zehn Jahre. Weder wurde dadurch die Gemeinde gespalten noch der traditionelle Gottesdienst ausgehöhlt. Aber es hat dazu geführt, dass Menschen den Gottesdienst besuchen, die sonst nicht kommen würden. Weil sie nicht mit dem traditionellen Gottesdienst aufgewachsen sind. Weil ihnen das Zweite Programm zeitgemäßer erscheint. Weil die Musik sie anspricht. Weil sie dort Leute treffen, die sonst nicht da sind ...

Mein Herz schlägt deshalb »zweigetaktet«. Zum einen für den traditionellen Gottesdienst, mit dessen Fülle und Reichtum ich groß geworden bin und den ich außerordentlich gern feiere. Und zum andern für das Zweite Programm, wie immer es in der jeweiligen Situation auch aussieht.

Alle hier aufgeführten Gottesdienste stammen aus diesem Zweiten Programm. Sie sind in der Evangelischen Kirchengemeinde Aglasterhausen (bei Heidelberg) in den letzten Jahren erprobt worden. Eine erste »Staffel« ist bereits veröffentlicht: Die Seele berühren. Neue Gottesdienste, Gütersloh 2008.

Jeder Entwurf enthält einen Vorschlag für eine Einleitung, ein Theaterstück (einmal auch einen Filmausschnitt), eine Predigt und ein Gebet sowie weitere Gestaltungstipps. Wie diese Elemente am besten in Ihren jeweiligen Ablauf passen, wissen Sie selbst am besten. Natürlich können einzelne Bausteine auch in einem traditionellen Gottesdienst verwendet werden, z.B. die Predigt, die sich in aller Regel nicht auf das vorausgehende Theaterstück bezieht.

Bei der Reihe über den Dekalog folge ich der reformierten Zählung der Zehn Gebote.

Und nun wünsche ich Ihnen viel Freude an der Vorbereitung und dann auch Erfolg: dass Menschen neu berührt werden und erleben, was »Leben satt« heißt!

Wiesloch, an Ostern 2014

1. Teil
Zehn Wege zum Leben – eine
Gottesdienstreihe über den
Dekalog

Höchstgebot
1. Gebot

Einleitung

»Zehn Wege zum Leben« heißt diese Reihe über die Zehn Gebote – herzlich willkommen dazu! Sätze wie »Du sollst Vater und Mutter ehren« oder »Du sollst nicht falsch Zeugnis geben« – klingt das für Sie nach Bevormundung oder eher nach hilfreicher Orientierung?

Mit der ganzen jüdisch-christlichen Tradition wollen wir Ihnen die Zehn Gebote als wichtige Orientierungshilfe nahebringen. Sprachlich zum Teil etwas angestaubt, aber inhaltlich höchst aktuell: Wege zum Leben eben.

Wir beginnen heute mit dem ersten Gebot:
>*»Ich bin der HERR, dein Gott, der ich dich aus Ägyptenland, aus der Knechtschaft geführt habe. Du sollst keine anderen Götter haben neben mir.« (Ex 20,2)*

Theater
Zwei Freundinnen am Kaffeetisch.

Sabine: In letzter Zeit denke ich oft über meinen »Neuen« nach ...

Silvia: Oho, das ist wohl der Frühling! ... Wie stellst du ihn dir denn vor, deinen Neuen?

Sabine: Also zuerst mal muss er mir gefallen.

Silvia: Er soll eine gute Figur abgeben, hm?

Sabine: Klar! Und er soll das gewisse Etwas haben, dass es bei mir anfängt zu prickeln ... na, du weißt schon, was ich meine ...

Silvia: Ich glaube schon ...

Sabine: Vertrauen ist natürlich genauso wichtig: Ich muss mich hundertprozentig auf ihn verlassen können.

Silvia: Du meinst die inneren Werte ... ja, mir wäre ein tolles Äußeres allein auch zu wenig.

Sabine: Er muss mit mir durch dick und dünn gehen und darf mich auch nicht im Stich lassen, wenn es mal gefährlich wird.

Silvia: Nicht gerade einfach, so einen zu finden.

Sabine: Sparsam muss er allerdings auch sein – in diesen Zeiten!

Silvia: Daran habe ich noch gar nicht gedacht ...

Sabine: Aber sicher, meine Liebe, er darf mich doch nicht in den Ruin treiben!

Silvia: Wenn ich's mir recht überlege – ja, du hast Recht.

Sabine: Und natürlich will ich möglichst viele Jahre mit ihm zusammenbleiben.

Silvia: Damit liegst du voll im Trend: keine Eintagsbeziehungen mehr. - Aber jetzt sag mal: Wo willst du denn so einen Mann finden?

Sabine: Mann?! Wieso Mann?! Ich rede von meinem neuen Wagen!!!

Predigt

Ich möchte gleich mit einer sehr persönlichen Frage beginnen: Wer von Ihnen betet zu anderen Göttern?

Solche Gesichter machen meine Konfirmanden auch, wenn ich sie frage: Wo habt ihr denn zu Hause euren Altar stehen?

Wunderbar, dass wir das »Höchst(e)gebot« so schnell ad acta legen können – die Reihe über die Zehn Gebote wird kürzer, als ich dachte!

Aber – eine Sekunde noch – Theologen müssen ja jedes Wort immer dreimal herumdrehen: Was ist denn eigentlich mit »Göttern« gemeint?

Ein großer Theologe hat eine kurze Definition für »Gott« geliefert: »Woran du dein Herz hängst, das ist dein Gott.« Das war Martin Luther.

Und woher weiß ich, woran mein Herz hängt? Deshalb hat sich ein bedeutender Theologe unserer Zeit eine neue Definition überlegt: »Woran du am meisten denkst, das ist dein Gott.« (Der bedeutende Theologe steht gerade vor Ihnen.)

Gut. Jetzt kommen wir der Sache schon näher, oder? Woran ich mein Herz hänge, ist in der Regel das, woran ich am meisten denke.

Familie
Arbeit / Beruf
Freizeit / Hobby
»Ich«
etc.

Dieser Kreis unten links – das ist Ihre Zeit: die Zeit eines Tages z.B., einer Woche ...

Woran denken Sie – in dieser Zeit – am meisten?

Wie viel Raum nehmen die verschiedenen Bereiche Ihres Lebens in diesem Kreis ein? Z.B. Familie, Beruf/Arbeit, Hobby etc.?

Pause

Ich will nochmal an die Definition erinnern: »Woran du am meisten denkst, das ist dein Gott.«

Was ist Ihr »Gott«?

Das, was am meisten Ihre Gedanken, Ihre Interessen, Sorgen etc. auf sich zieht ...

Wie kommt es, dass *ein* Bereich unseres Lebens so viel Gewicht bekommt – vielleicht mehr, als für uns gut ist? Eine Geschichte der Bibel erzählt davon, warum Menschen sich andere Götter machen. (Ex 32,1-6)

Das Volk Israel ist unter der Führung von Mose aus Ägypten ausgezogen. Schon lange wandern sie durch die Wüste. Am Berg Sinai schlagen sie ihr Lager auf. Aber Mose, der große Anführer, lässt sich wochenlang nicht blicken. Er ist oben auf dem Berg: im Gespräch mit Gott. Vier Wochen lang sieht ihn sein Volk nicht: Er bekommt von Gott die Zehn Gebote, den Dekalog. Unten aber gibt es von Tag zu Tag mehr Unruhe, und irgendwann kommen die Leute zu Aaron, Moses Bruder: Wer weiß, was aus diesem Mose geworden ist – *mach uns einen Gott, der vor uns hergeht!* Vielleicht fühlt sich Aaron geschmeichelt: einmal nicht im Schatten des Bruders stehen! Also gut, wenn ihr unbedingt wollt: Bringt mir euren Goldschmuck:

Ohrringe, Nasenringe, Piercingstecker, goldene Armband-uhren etc. – Ich will sehen, was ich machen kann ... Dann gießt er aus dem Schmuck der Israeliten einen goldenen Stier.

Das Volk steht davor und staunt: Dieser Lack, dieser Glanz, diese Potenz, diese Kraft – und man kann ihn an-fassen, guckt doch mal, wie sich das anfühlt, richtig edel – ist das ein Gott! Und sie bringen ihre Opfer und beginnen einen wilden Tanz.

Und Gott? Der ist leider nicht mit Händen zu greifen, so weit weg, so unanschaulich – sie wollen einen Gott, den sie *sehen* können, den sie be-greifen können, einen Gott zum Anfassen. Ein Gott nur für den Geist, die Gedanken, den Glauben – das ist einfach zu viel verlangt!

Ein schönes Haus, ein schickes Auto, ein Traumurlaub, die totale Vernetzung – alles zum Anfassen, man kann es sehen, be-greifen, mit seinen Sinnen erfassen ... es ist so menschlich!

Der Haken daran ist nur: Unsere Geschöpfe – *wir* haben sie ja gemacht! – entwickeln Eigendynamik: Ab einem gewissen Punkt nehmen sie uns gefangen und haben uns im Griff, nicht wir beherrschen dann mehr sie, sondern sie beherrschen uns.

Die Flasche Bier jeden Abend, die so erfrischend ist – aber wenn daraus zwei oder drei Flaschen werden jeden Abend – nein, nein, ich brauche das nicht, aber es schmeckt mir so gut, und diese kleine Freude will ich mir nicht nehmen lassen ...

Die Fernsehsendungen, die abends kommen, sind wahnsinnig interessant – aber wenn ich mich immer öfter dabei ertappe, dass ich nachts im Fernsehsessel aufwache ... (nach einer aktuellen Studie verbringt der Durchschnittsdeutsche 14 Jahre seines Lebens vor dem Bildschirm – ich weiß nicht, ob sie die Stunden im Schlaf auch mitgerechnet haben) ...

Das Geld, mit dem ich mein Leben gestalten kann – aber wenn meine Gedanken täglich darum kreisen, was ich mit meinem Geld machen werde ...

Das Haus, das ich mit eigenen Händen gebaut habe – aber wenn ich jede freie Minute daran herumbastele und einem toten Gebäude diene, das *mir* dienen soll ...

Das Problem sind nicht die Dinge an sich: Bier, Fernsehen, Geld, Haus etc. sind nichts Schlechtes. Das Problem ist, wenn das Maß zum Übermaß wird. An sich gute Dinge werden schlecht, wenn sie zu viel Raum in unserem Leben beanspruchen, wenn ich ihnen zu viel Gewicht beimesse. Auf der einen Seite schenken sie uns Befriedigung, aber sie führen auch in Unfreiheit, sie bringen uns Sinn *und* Abhängigkeit zugleich.

In der Geschichte vom Goldenen Kalb haben die Menschen »nur« ihren Schmuck geopfert. Später opfern sie sich selbst – ihre Freiheit, ihre Zuwendung, ihre Zeit, ihr Leben.

Wie bekommen die Dinge ihr richtiges Gewicht zurück? Wie komme ich in die richtige Balance? Wie merke ich, ob mich etwas beherrscht?

Wenn ich vor 50 Jahren als evangelischer Pfarrer für das Fasten geworben hätte, wäre ich dafür wahrscheinlich gesteinigt worden. Inzwischen hat sich längst durchgesetzt, dass Fasten eine gute Sache sein kann. Seit vielen Jahren gibt es die Aktion »Sieben Wochen ohne«. Menschen verzichten während der Passions-/Fastenzeit auf etwas und versuchen dadurch ein Stück persönlichen Freiraum wiederzugewinnen. Manche verzichten auf Alkohol, Nikotin (falls möglich), Schokolade, Fernsehen oder Internet, Arbeit ... (im Ernst: Beobachten Sie mal Zugreisende: manchen könnte man nichts Schlimmeres antun, als ihnen das Handy oder den Laptop wegzunehmen ... so schlecht wäre das mit dem Arbeitsfasten nicht!)

Jemand schreibt im Internetforum von Sieben-Wochen-Ohne (www.7-wochen-ohne.de):

»Eine Woche habe ich ganz gefastet, nur Trinken zu mir genommen. (...) Die Gedanken waren klar, ich hatte viel Energie, konnte sehr gut arbeiten, brauchte viel weniger Schlaf. Und das Essen danach erlebte ich in unglaublicher geschmacklicher Intensität. Ich fühlte mich viel verbundener mit der ganzen Natur und habe etliche spirituelle Gedanken wiedergefunden, beispielsweise den, einmal den Jakobsweg zu gehen ...«

Und eine Frau schreibt am Ende der sieben Wochen:

»Ich ziehe langsam Bilanz, was es uns allen gebracht hat. Die kleine Tochter (7) sagt: Ich brauche keinen Fernseher, das sagt auch der Papa (erst zur Fußball-WM wieder). Der Sohn (12) freut sich schon darauf, aber auch, dass er so stark war und verzichten konnte. Ich hatte Zeit für andere Dinge und konnte auch unsere Gemeinsamkeiten in der Ehe besser begreifen als mit der Ablenkung: Fernseher. Es war eine lehrreiche Zeit für uns. Und ich wünsche auch allen anderen die Kraft, das einmal zu erleben.«

Nun will ich aber nicht so tun, als ob wir alle nur von irgendwelchen Süchten oder Abhängigkeiten geritten würden. Es gibt ja auch den Fall, dass sich ein Bereich unseres Lebens sozusagen ohne unser Zutun verselbständigt und gottähnlichen Charakter bekommt, sogar gegen unseren Wunsch und Willen. Manche Männer und Frauen in meinem Alter haben sich einem solchen Gott sogar vertraglich verpflichtet – sein heiliger Name lautet: »Die Firma«: Sie sind beruflich so stark eingebunden und gefordert, dass dieser Schwerpunkt alles andere in ihrem Leben überlagert und zweit-, wenn nicht drittrangig werden lässt.

In meiner Vikarsgemeinde hatten wir Freunde: Der Mann war in der chemischen Industrie im Management tätig. Er flog ungefähr siebenmal in der Woche nach USA, hatte noch und noch Überstunden, und im Urlaub musste er über Handy immer erreichbar sein (damals wusste ich gerade mal, wie man »Handy« buchstabiert). Eine kleine Freude für ihn war der Kirchenchor, den er nach drei Minuten zu Fuß erreichte und der einmal in der Woche für 90 Minuten probte. Als er davon in der Firma erzählte, erntete er missbilligende Blicke: Der Götze fühlte sich beleidigt! Kirchenchor neben Beruf – das war schon zu viel!

Vor einigen Jahren gab es eine Selbstmordwelle beim französischen Autobauer Renault: An einem Standort nahmen sich innerhalb von drei Wochen vier Ingenieure das Leben, zum Teil auf dem Firmengelände. Offensichtlich kamen diese Männer mit dem enormen Druck nicht mehr zurecht – innerhalb kürzester Zeit sollten sie mehrere komplett neue Modelle entwickeln. Kommentar des Unternehmenssprechers: private Probleme. Der Götze ist darüber beleidigt, dass manche glauben könnten, diese Tode hätten etwas mit den Arbeitsbedingungen zu tun.

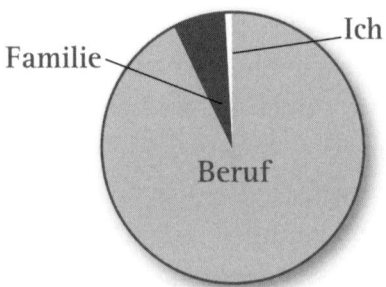

Bei diesen Menschen sieht das Kreismodell so aus: Den Löwenanteil hat der Beruf, ein kleiner Rest bleibt für die Familie, für sie selbst (»Ich«) so gut wie gar nichts mehr. Sie sind Sklaven des Götzen Arbeit und würden seinen Einfluss gern zurückdrängen – aber wie?!

Vielleicht sagen manche: Früher mussten die Menschen doch auch viel arbeiten, z.B. in der Landwirtschaft. Das stimmt, aber trotzdem sah die Arbeit anders aus. Wie viele Landwirte sind früher am Herzinfarkt gestorben? Heute sind Innovation und Flexibilität gefragt, ständig muss auf den Markt reagiert und Neues entwickelt werden, Stellenkürzung und Entlassung drohen, und das Einzige, was beständig ist, ist der Wandel.

Diese Menschen sind in einer Zwickmühle. Sie müssen sich sagen: Einerseits saugt mich dieser Gott »Firma« aus, andererseits ernährt er mich und meine Familie, und das sehr gut, wir können uns mehr leisten als andere, Haus, Urlaub etc. Wie verweise ich diesen Götzen in seine Schranken?

Ich will nicht so tun, als hätte ich dafür ein Patentrezept. Ich glaube nur: Es ist wichtig, für sich selbst und mit der Familie eine Prioritätenliste aufzustellen:

· Was ist mir am allerwichtigsten, was am zweitwichtigsten? Was würde ich dafür tun?

· Und worauf würde ich dafür ggf. verzichten? Denn alles wird mit Sicherheit nicht gehen.

Das erste Gebot beginnt nicht: »Du sollst keine anderen Götter neben mir haben.« Es beginnt: »Ich bin der Herr, dein Gott.« Es geht beim ersten Gebot – dem Höchst(en)-gebot – nicht um ein Nein, sondern um ein JA: um Gottes JA zu uns und um unsere Freiheit.

An erster Stelle steht das, was Gott für uns ist und in unserem Leben tut. Und es ist gut, sich das vor Augen zu halten, dass er unser ganzes Leben umfasst und in seiner Hand hat. Von ihm, vom Zentrum, gehen dann die Veränderungen aus – auf alle Bereiche.

Deshalb heißt es beim ersten Gebot nicht primär »ohne andere Götter«, sondern »mit Gott«. Eine Abiturientin hat sich das auch so gedacht und hat aus der Aktion »Sieben-Wochen-Ohne« für sich eine Aktion »Sieben-Wochen-mit« gemacht. Sie schreibt im Internetforum:

»In diesem Jahr war ich mir nicht so sicher, ob ich wieder an der Fastenaktion teilnehmen soll oder doch besser nicht. Ich dachte mir, dass mir das Abi-Lernen mit Schokolade & Co. vielleicht doch etwas leichter fallen würde. Dann habe ich für mich eine Lösung gefunden: Ich habe mich – anstatt für ›Sieben Wochen Ohne‹ – für ›Sieben Wochen Mit‹ entschieden: (...) Seitdem nehme ich mir wieder jeden Tag die Zeit, in der Bibel zu lesen. Diese Minuten mit Gott genieße ich ungemein und ich merke täglich, wie gut es mir tut. Diese Zeit wurde für mich zu einer Art ›Auszeit‹: weg von Schul- und sonstigem Stress, (...) Ich freue mich jeden Tag auf Gottes Wort und die Kraft, die ich aus seiner Liebe schöpfen kann, und fühle mich viel ausgeglichener.«

Ich bin der Herr, dein Gott – ich bin *dein* Gott!

Gebet

> *Du, unser Gott,*
> *ich habe Angst,*
> *mich zu stark an dich zu binden.*
> *Was wird dann mit den vielen anderen Dingen,*
> *die mir wichtig sind?*
> *Du aber fürchtest,*
> *dass ich meine Freiheit verliere,*
> *gehetzt werde und atemlos.*
> *Bei dir ist Ruhe.*
> *Bei dir ist Freiheit.*

Stille

> *Aus der Mitte will ich leben.*
> *Aus dir.*

Gestaltungstipp

- Einzelne Elemente aus der Predigt als Präsentation visualisieren.

- Material zur Aktion »Sieben Woche ohne« auslegen, falls kompatibel zum Kirchenjahr.

Du machst dir kein Bild
2. Gebot

Einleitung

Heute geht es um das zweite Gebot. Keine Götterbilder soll sich der Mensch machen. Das klingt auf den ersten Blick heillos antiquiert, nach Eingeborenen, die halbnackt in Trance um Götzenstatuen herumtanzen. Aber in der Bibel heißt es nur, wir sollen uns kein Bild machen – vom Himmel, also von Gott, und von anderen Dingen.

Dass wir alle bestimmte Bilder – Vorstellungen – von Gott haben, liegt auf der Hand. Manche leiden unter ihrem Gottesbild, und es wäre eine Befreiung für sie, wenn sie sich davon lösen könnten.

Das zweite Gebot lautet:

»Du sollst dir kein Bildnis noch irgendein Gleichnis machen, weder von dem, was oben im Himmel, noch von dem, was unten auf Erden, noch von dem, was im Wasser unter der Erde ist: Bete sie nicht an und diene ihnen nicht. Denn ich, der HERR, dein Gott, bin ein eifernder Gott, der die Missetat der Väter heimsucht bis ins dritte und vierte Glied an den Kindern derer, die mich hassen, aber Barmherzigkeit erweist an vielen Tausenden, die mich lieben und meine Gebote halten.«

Theater

Ehepaar am Tisch.

Michael: Ah, du glaubst gar nicht, wie ich mich schon auf unseren Urlaub freue!

Sibylle: Tu mir den Gefallen und freu dich bitte nicht zu sehr! Ich habe noch diverse Erinnerungen an die letzten Jahre ...

Michael: Was heißt da diverse Erinnerungen?

Sibylle: Na ja, das letzte Mal warst du schon etwas enttäuscht, als dir dein Frühstücksei vom Balkon gefallen ist – direkt auf die Autobahn ...

Michael: Nur weil's kaputt war ...

Sibylle: Mir kann das nicht passieren. Ich stell mir einfach gar nichts vor, dann kann ich auch nicht enttäuscht werden.

Michael: Aber wie soll ich mich darauf freuen, wenn ich es mir nicht vorstelle? Hast du denn gar kein Bild im Kopf, wenn du an unseren nächsten Urlaub denkst?

Sibylle: Nein. Es kommt ja sowieso anders, als ich es mir vorstelle. Vor zwei Jahren hatte ich mich so auf das Wandern gefreut, und dann hast du unseren größten Koffer auf meinen Fuß fallen lassen ...

Michael: Ich glaube, es war dir gar nicht so unrecht, dass ich die 18-Stunden-Tour allein gemacht habe ...

Sibylle: Oder denk doch mal an unseren Urlaub vor zwei Jahren. Was hast du mir vorgeschwärmt von Strandnähe und herrlicher Aussicht! Und dann war die Ferienwohnung ein Baumhaus über der Kläranlage.

Michael: Das war ziemlich sch...ade ...

Sibylle: Und in unserer Ehe ist es haarscharf genauso. Wenn ich mir im Voraus so ein genaues Bild von meinem Traummann gemacht hätte – da würdest du schon zehn Jahre Unterhalt zahlen ...

Michael: Und bei mir soll es anders sein?

Sibylle: Allerdings. Du hast viel genauere Vorstellungen, wie ich sein müsste, wie wir zusammenleben, wie sich unsere Familie entwickelt usw. Und jedes Mal, wenn etwas nicht in dein Bild passt, bricht für dich eine Welt zusammen. Wenn ich nicht so schlank bin, wie es deinem Schönheitsideal entspricht, wenn ich nicht so zufrieden und ausgeglichen bin, wie du es gern hättest, wenn deine Kinder nicht die Noten nach Hause bringen, die du erwartest ...

Michael: Okay, ich will das jetzt nicht alles abtun, aber überleg dir doch mal: Wie hätte ich dich kennengelernt, wenn ich kein Bild von dir im Kopf gehabt hätte? Ich hätte doch gar nicht gewusst, was mir wichtig ist, nach welchem Menschen ich suche ...

Sibylle: Das ist auch nicht das Problem. Schwierig wird's nur, wenn sich Bilder nicht mehr bewegen, wenn kein Spielraum für Veränderung mehr da ist ...

Michael: Es ist wieder typisch ... ich rede vom Urlaub und wir landen bei einer philosophischen Erörterung über unsere Ehe...

Sibylle: Passt das nicht zu deinem Bild von mir?

Michael: Also, dazu passt eher ein gutes Abendessen.

Sibylle: Klasse! Du kannst ja schon mal anfangen. *(wirft ihm eine Schürze zu)*

Predigt

1. GOTTESBILDER ...

Der »Ich-mache-den-Weg-frei-Gott«

Markus ist Mitte 40, verheiratet, zwei Kinder und beruflich in einer IT-Firma im Management tätig. Kürzlich erst haben sie gebaut. Da geht seine Firma über Nacht pleite, und noch dazu wird ihm etwas angehängt. Am Ende ist er nicht nur seinen Job los, sondern auch seinen guten Ruf.

Von klein auf hat Markus Gott immer als den erfahren, der ihm den Weg frei macht. Immer ist alles glatt gegangen, er hat ein Grundvertrauen in Gott gehabt – jetzt müssen sie das Haus wahrscheinlich verkaufen, und Markus weiß nicht, wie es weitergehen soll ...

Was ist jetzt plötzlich mit dem Gott, der ihm immer den Weg frei gemacht hat?

Der »Benimm-dich-bitte-Gott«

Heinz ist in einem Dorf aufgewachsen, wo die Nachbarn das Unkraut in deinem Garten schneller entdecken, als es aus dem Boden herauskommt. Von klein auf hat er gelernt: Man muss sich anpassen, nur nicht auffallen, sich immer mit der Masse gutstellen.

Sein Glaube bestärkt ihn darin: Gott verlangt von uns, dass wir uns anständig benehmen: jeden Samstag Auto waschen, Gehweg fegen, Fußball schauen – jetzt für die Frauen: sonntags um zwölf das Essen auf den Tisch stellen, ohne Murren den Abwasch erledigen und mit dem Haushaltsgeld auskommen ...

Der »Ich-will-dein-Opfer-Gott«

Susannes Mutter starb früh – sie musste in der Familie für ihre jüngeren Geschwister sorgen und die Mutter ersetzen. Daraus ist ein starkes Verantwortungs- und Pflichtgefühl gewachsen. Auch später prägt es sie: Überall sieht sie in erster Linie die Aufgaben, zieht sich jeden »Schuh« an, opfert sich auf für ihre Familie, auch wenn die es nicht so richtig schätzt ...

Der Glaube ist ihr wichtig. Sie hat gelernt: Liebe deinen Nächsten – ich muss mich für die anderen einsetzen, auch wenn ich selbst dabei auf der Strecke bleibe ...

Der »Ich-tu-dir-nix-du-tust-mir-nix-Gott«

Claudia ist nicht direkt religiös erzogen worden, aber auch nicht unreligiös. Maxime ihrer Eltern war immer: bloß nichts übertreiben! Nach der Konfirmation besuchte sie zunächst noch die Jugendgruppe. Doch bald kamen die Eltern zum Pfarrer: was da gemacht würde, extreme Einstellungen usw. – wichtig sei es doch, normal zu bleiben ...

Und so ging Claudia ihren Weg weiter. Gott, den gab es wohl irgendwie schon, aber wie oder was jetzt genau, also, das kann doch sowieso kein Mensch sagen – lieber orientiert sie sich an dem, was auf der Hand liegt: eine gute Berufsausbildung, ein flotter Job, Urlaub etc.

2. ... SIND PROBLEMATISCH

»Du sollst dir kein Gottesbild machen!«, heißt das zweite Gebot. Ein Bild ist immer etwas Totes. Ein Gottesbild stellt einen toten Gott dar. Gott wird festgelegt auf einen bestimmten Wesenszug: immer den Weg frei zu machen, immer gutes Benehmen zu fordern, immer Opfer zu verlangen, mich immer in Ruhe zu lassen.

Hinter dem Gottesbild steht ein toter Gott! Deshalb hasst Gott das Gottesbild: Er ist nicht tot. Lässt sich nicht festlegen, er ist frei! Und vielleicht ganz anders, als das Gottesbild ihn darstellt. Ganz anders, als ich mir Gott vorstelle.

Aber nicht nur Gottes Freiheit steht auf dem Spiel – auch unsere Freiheit: Markus, der IT-Mensch, wird die Herausforderung vielleicht nicht annehmen können, dass Gott ihm einmal nicht alle Steine aus dem Weg räumt. Heinz aus dem Dorf wird vielleicht nie ein Stück eigener Freiheit erfahren, wenn er Gott immer nur als den versteht, der Anpassung fordert. Susanne mit dem übergroßen Pflichtbewusstsein wird vielleicht nie loslassen können und sich selbst etwas Gutes tun können, wenn sie sich Gott nur als den vorstellt, der unsere Opfer will. Und Claudia, die an den Gott auf einer Wolke weit weg glaubt, wird vielleicht nie etwas von dem Gott erfahren, der sich vor Sehnsucht nach ihr verzehrt.

Das Gottesbild dieser vier Menschen ist nicht einfach falsch – es ist nur festgelegt.

Manche von uns sind mit einem problematischen Gottesbild aufgewachsen. Und manche hat ihr Gottesbild sogar krank gemacht. Denn hinter jedem Bild von Gott steht auch ein Bild vom Menschen.

1976 erschien ein Buch mit dem Titel »Gottesvergiftung«. Verfasser war der Freiburger Psychoanalytiker Tilman Moser. Sein Buch war eine einzige »wuterfüllte Auseinandersetzung mit der religiösen Erziehung und einem bedrohlichen Gottesbild« (Homepage des Autors). Aus verkehrter religiöser Erziehung können Neurosen entstehen, die einen Menschen sein Leben lang belasten. Schuld daran ist nicht Gott, sondern das Bild, das sich Menschen von Gott gemacht haben.

Es ist ein langer Weg, davon frei zu werden. Es geht nur, wenn ich mir andere Bilder von Gott anschaue und sehe, wie ich einseitig festgelegt war und Gott doch noch ganz anders ist. Über 60-jährig, schrieb Tilman Moser 30 Jahre später übrigens ein zweites Buch über Gott: »Von der Gottesvergiftung zu einem erträglichen Gott«. Da hat einer nochmal hingesehen ...

Wer sich jetzt zufrieden zurücklehnt und sagt: »Na ja, mein Gottesbild ist natürlich viel komplexer, Gott sei Dank bin ich da einen Schritt weiter«, der darf sich jetzt etwas herausfordern lassen.

Ich lese zwei Verse aus einer neuen Bibelübersetzung (Bibel in gerechter Sprache). Zwei Verse aus der Schöpfungsgeschichte, nachdem Gott an sechs Tagen Himmel und Erde geschaffen hat (Gen 2,2f) – hören Sie genau hin:

»Gott aber brachte das eigene Werk am siebten Tag zum Abschluss, indem sie am siebten Tag von all ihrem Werk ruhte, das sie getan hatte. Und Gott segnete den siebten Tag und machte ihn heilig. Denn an ihm

ruht sie von all ihrem Werk, das Gott geschaffen hat,
um zu wirken.«

Seit wann ist Gott weiblich? Aber seit wann ist Gott männlich? Was meinen Sie dazu?

Murmelpause

In der Bibel, der Grundlage unseres christlichen Glaubens, steht ganz eindeutig, dass Gott weder männlich noch weiblich ist. Im fünften Buch Mose (Dtn 4,15f) heißt es: »Vergesst nicht, dass ihr damals am Berg Horeb, als Jahwe aus dem Feuer zu euch redete, nur die Stimme gehört, aber keinerlei Gestalt gesehen habt. Darum macht euch kein Gottesbild; das wäre ein unverzeihliches Vergehen, ganz gleich, was für eine Gestalt ihr nachbildet: einen Mann oder eine Frau!«

Nicht alles, was ungewohnt klingt oder irritiert, ist falsch oder gar gefährlich. Wer immer nur das Gewohnte hören will, steht am meisten in der Gefahr, sich auf ein bestimmtes Bild festzulegen und es für die einzige Wahrheit zu halten.

So wie die blinden Bettler, die zum ersten Mal in ihrem Leben einem Elefanten begegnen: Der eine, der das Vorderbein erwischt hat, ruft: »Ein Elefant, das ist eine große, raue Säule!« – »Falsch!,« schreit ein anderer, der nach dem Schwanz gegriffen hat, »ein Elefant ist eine lange Quaste.« – »Blödsinn!« ruft ein dritter und streicht über den Rüssel, »er ist ein dicker, beweglicher Schlauch!« – »Ihr liegt alle daneben«, sagt der Nächste, der mit der Hand den Stoßzahn entlangfährt, »ein Elefant ist eine lange, harte, gebogene Stange!« Und als ein weiterer das Ohr betastet und behauptet, der Elefant sei ein riesiges Palmblatt, kommt es zu einer wüsten Keilerei.

Die Einzelwahrnehmungen sind nicht falsch und sagen trotzdem nicht aus, was ein Elefant ist. Die Gottesbilder von Markus, Heinz, Susanne und Claudia sind nicht einfach falsch: Gott macht oft den Weg frei, Gott möchte nicht, dass wir uns so benehmen, als gäbe es keine anderen Menschen auf der Welt, Gott fordert manchmal auch Opfer von uns, und manchmal ist Gott für uns sogar weit weg, aber:

> Gott ist noch einmal anders und größer, als wir denken.

> Gott ist noch einmal anders und kleiner, als wir denken.

> Gott ist noch einmal anders und viel mehr, als wir denken.

3. UNSERE ERKENNTNIS VON GOTT IST UNVOLLKOMMEN, GOTTES ERKENNTNIS VON UNS NICHT!

Es gibt zwei Seiten, auf denen man bei diesem Thema herunterfallen kann:

Auf der einen Seite landen diejenigen, die sagen: Wir wissen ganz genau, wie Gott ist (und wie er nicht ist), und jeder, der nicht genauso denkt wie wir, geht in die Irre, wird verdammt etc. – da kommt es dann zur Schlägerei …

Die andere Seite, auf der man herunterfallen kann, ist, zu sagen: Weil ich Gott sowieso nie richtig erkennen kann, lasse ich lieber die Finger davon. Wer sagt mir denn, ob das wirklich verlässlich ist, was ich in der Kirche höre – immerhin soll ich mein Leben danach ausrichten.

Mit dieser Spannung müssen wir leben.

Es gibt in der Bibel eine Geschichte über Mose, den großen Gottesvertrauten (Ex 33,18-23). Wochenlang hält sich Mose bei Gott auf dem Berg Sinai auf, spricht mit ihm, empfängt die Zehn Gebote etc. Und schließlich – vielleicht ist ihm der vertraute Umgang mit Gott doch ein bisschen zu Kopfe gestiegen – will Mose noch mehr. Er bittet: Lass mich deine Herrlichkeit sehen! Und Gott sagt: Mein Angesicht kannst du nicht sehen; denn kein Mensch wird leben, der mich sieht. Schließlich einigen sie sich auf eine Art Kompromiss: Mose darf hinter Gottes Herrlichkeit hersehen, aber Gott selbst unverstellt und ganz direkt darf er nicht sehen.

Diese Antwort Gottes kann man so verstehen: Ich bin so heilig, dass meine Heiligkeit dich umbringen würde. Vielleicht kann man es aber auch so verstehen: Solange du noch als Mensch in all deinen Begrenzungen lebst, kannst du die grenzenlose Liebe und das alles überstrahlende Licht nicht erfassen noch aushalten. Aber es wartet auf dich, wenn dein Weg auf dieser Erde zu Ende ist: Dann darfst du mich sehen.

Paulus sagt es später so: »Wir sehen vorläufig nur ein rätselhaftes Spiegelbild, dann aber von Angesicht zu Angesicht. Heute erkenne ich bruchstückhaft, dann aber werde ich erkennen, wie ich von Gott erkannt worden bin.« (1 Kor 13,12)

4. NICHT BILDERLOSIGKEIT, SONDERN IN VIELEN BILDERN DEN REICHTUM GOTTES KENNENLERNEN

Nochmal zurück zur Elefantengeschichte: Erst alle Bilder zusammengenommen machen einen Elefanten. Ebenso ist es mit Gott: Durch die Bibel und ihre tausend Bilder von Gott – an ihren stärksten Stellen spricht die Bibel ja immer in Bildern von Gott! – lerne ich Gott mehr und mehr kennen: seine verschiedenen Seiten, die sich manchmal auch zu widersprechen scheinen. Und ich lerne Jesus kennen, das Bild Gottes auf dieser Erde, mit seinen vielen verschiedenen Seiten: liebevoll und zornig, kämpferisch und barmherzig, sanft und stur, verständnisvoll und provozierend ...

Aber das Wichtigste ist: Gott ist lebendig, und er sehnt sich nach mir. Das zieht sich durch die ganze Bibel: Gottes Sehnsucht nach dem Menschen, seine Sehnsucht nach uns. Und darauf möchte ich mich einlassen, auf das Abenteuer, immer mehr von Gott kennenzulernen – durch Highlights und Abstürze hindurch, durch Enttäuschungen und durch ganz irre Erfahrungen, wo ich einfach nur sagen kann: Was ich mit Gott erlebt habe – du machst dir kein Bild!

Gebet

Größer als unsere Gedanken und Vorstellungen bist du.
Wir versuchen dich zu fassen, in den Griff zu kriegen,
doch du überraschst uns, schockierst uns,
begegnest uns immer neu.

Das schafft keine Idee und kein Bild,
das schaffst nur du.
In deinem Kraftfeld
ist für uns das Leben.
Mach uns offen dafür,
neue Seiten an dir kennenzulernen,
uns verändern zu lassen und zu wachsen,
du lebendiger Gott.

Gestaltungstipp

- Bilder (Metaphern) für Gott einblenden (Fels, Burg, Hirte, Sonne, Quelle, Mutter, Tür, Weg, Schild, Brot etc.).

Der Name Gottes
3. Gebot

Einleitung

Vielleicht ist es das Gebot, das uns auf den ersten Blick von allen am fernsten ist. Was soll schon passieren, fragen wir uns, wenn jemand den Namen Gottes unbedacht in den Mund nimmt? In früheren Zeiten wusste man noch mehr, dass der Name auch Macht bedeutet. Die Macht von Rumpelstilzchen war gebrochen, als sein Name genannt wurde. Das leuchtet heute nicht mehr sofort ein.

Aber möglicherweise gibt es auch für heutige Menschen einen Zugang zu diesem Gebot:

> *»Du sollst den Namen des Herrn, deines Gottes, nicht missbrauchen; denn der Herr wird den nicht ungestraft . lassen, der seinen Namen missbraucht.« (Ex 20,7)*

Theater

Im Zug. Zwei Stuhlreihen (je zwei Stühle nebeneinander) mit Mittelgang. Mehrere Personen sitzen, alle schauen in eine Richtung. Von hinten kommt eine Frau mit kleinem Rucksack/Handtasche o.Ä. und geht an den Sitzenden vorbei. Als sie fast vorüber ist, blickt eine Frau, an der sie vorbeigegangen ist und die ganz hinten sitzt, auf, erkennt

sie und ruft laut: »Sibylle!« Die erste Frau dreht sich um:
»Ach, Gott!« Alle Mitreisenden springen gleichzeitig auf,
drehen sich nach hinten zu der sitzenden Frau um und
rufen unisono: »Wo?!«

Predigt

Gibt es heute noch heilige Worte? Wenn ich das Leute
auf der Straße fragen würde, würden die meisten wahrscheinlich sagen: Nein. Wir leben heute in einer Welt, wo
Worte nicht viel wiegen, wo es auf Fakten ankommt und
sonst nichts.

Aber stimmt das wirklich? Ich glaube, es gibt heute
durchaus noch heilige Worte. Für manche Männer oder
Jungs z.B. ist der Name ihres Fußballvereins heilig – wer
den in den Dreck zieht, kann etwas erleben! Für manche
Jugendliche ist der Name einer Klamottenfirma heilig:
Wehe, wenn jemand den schlechtmacht! Für andere ist
der Name eines Stars heilig. Wer darüber lästert, kann
sich auf etwas gefasst machen! Ja, ich glaube, manche
würden sogar ganz ausdrücklich sagen: »Dieser Name ist
mir heilig! Darauf lass ich nichts kommen!«

Und der Name Gottes? Ist der auch heilig? Oder klingt
das gleich verstaubt, nach Kirche von gestern, nach Mo-
ralpredigt? Das dritte der Zehn Gebote heißt: »Du sollst
den Namen des Herrn, deines Gottes, nicht missbrauchen.« Und dann gibt es sogar noch einen Zusatz, sozusagen eine Verschärfung: »Denn der Herr wird den nicht
ungestraft lassen, der seinen Namen missbraucht.«

Gott hat in der Bibel – jedenfalls im Alten Testament –
einen Namen. Wo in der deutschen Bibel »Herr« steht, heißt

es im Hebräischen – in der ursprünglichen Sprache יהוה (Jahwe). Der Gott der Bibel hat einen Namen!

Warum dieser Name in der Übersetzung nicht übernommen wird? Im Judentum wird Gottes Name bis heute nicht ausgesprochen. Niemand weiß auch, wie dieser Name ausgesprochen wird. Denn wir haben vom Namen Gottes nur die vier Konsonanten (Mitlaute) – die Vokale (Selbstlaute) wurden in der hebräischen Sprache nicht geschrieben. Vrstndn?

In deutscher Umschrift müsste dann hier stehen – von links nach rechts gelesen wie im Hebräischen: hwhj. Und jetzt noch das Ganze umgedreht und von links nach rechts: jhwh.

Vielleicht fragen sich jetzt manche: Bin ich hier vielleicht an der Uni gelandet? Was soll dieser wissenschaftliche Vortrag? Ich frage zurück: Wie sollen wir als Christen und Christinnen dem Islam begegnen, wenn wir über unsere eigene Tradition nichts wissen?

Manche behaupten, der Name Gottes müsste »Jahwe« gesprochen werden oder »Jachwe« – aber niemand weiß es wirklich. Vor mehreren tausend Jahren wussten die Menschen, wie dieser Name auszusprechen war. Erst viel später haben jüdische Gelehrte den hebräischen Text mit Vokalzeichen versehen – damit jeder wusste, wie er den Gottesnamen auszusprechen hatte.

Und jetzt kommt das Interessante: Die Vokalzeichen gehören zu einem ganz anderen Wort – zum Wort »Adonaj«, was soviel heißt wie: »mein Herr«. Wer den Gottesnamen las, sollte also »Adonaj« lesen, »mein Herr«. Und so ist das Wort »Herr« für den Gottesnamen auch in christliche Bibelübersetzungen gekommen.

Warum haben das die Juden so gemacht und machen es – übrigens – bis heute so? Ihnen war der Name Gottes so heilig, dass sie ihn durch ein anderes Wort ersetzten. Den Namen Gottes überhaupt nicht auszusprechen ist sozusagen eine Vorsichtsmaßnahme – wenn ich ihn nicht ausspreche, kann ich ihn auch nicht missbrauchen!

Für uns klingt das heute extrem. Aber in diesem tiefen Respekt vor dem Namen Gottes liegt eine höhere Wahrheit.

Zwei Gedanken dazu:

Eine Frage für die Schülerinnen und Schüler unter uns: Im nächsten Schuljahr bekommt ihr zwei neue Lehrerinnen. Die eine kennt eure Namen nach zwei Wochen, die andere kriegt sie bis zum Ende nicht auf die Reihe – welche hat mehr Macht über euch? *(Zurufe)* Richtig, die erste Lehrerin. Weil ein Name immer mit Macht zu tun hat. Ein Name – der richtige Name – ist Macht.

Wer den Namen Gottes in den Mund nimmt, hat es mit der größten Macht des Universums zu tun, dem Urgrund von allem, was ist. Wenn ich diesen Namen missbrauche, als Verlegenheitslösung oder vielleicht sogar als Kraftausdruck, verliert er seine Kraft. Den Namen Gottes anrufen – das hat immer mit Macht zu tun, eben mit dem Schöpfer aller Dinge.

Wenn wir den Namen Gottes in den Mund nehmen, dann um ihn anzurufen: »Im Namen Jesu Christi von Nazareth steh auf und geh umher!«, sagt der Apostel Petrus einem gelähmten Bettler (Apg 3,6). Und der Mann steht auf und kann seine Beine wieder gebrauchen.

Haben wir den Mut, etwas »im Namen Gottes« statt »in

Gott's Namen« zu tun oder seinen Namen ausdrücklich anzurufen?

Der zweite Gedanke: Wer einen anderen liebt, verhunzt dessen Namen auch nicht. Soll das für Gott nicht genauso gelten?

Das wird in einer Geschichte deutlich, die von dem elsässischen Pfarrer Johann Friedrich Oberlin überliefert ist, der im 18. Jahrhundert in den Vogesen wirkte.

In seinem Haushalt lebte auch seine Schwiegermutter, die er ganz gut leiden konnte, aber die auch eine dumme Angewohnheit hatte: Bei jedem Anlass rief sie: »Ach du lieber Gott.« Oberlin versuchte ihr begreiflich zu machen, dass ein Mensch den Namen Gottes fürsorglicher behandeln sollte; aber die alte Frau lachte nur zu seinen Worten und meinte: »Weißt du, Johann Friedrich, der liebe Gott kennt mich lange genug und weiß, dass ich es nicht bös' meine.« Aber Oberlin tat der Missbrauch des Namens Gottes weh und er besann sich auf eine pädagogische List:

Als ihm ein Buch herunterfiel, rief er schallend durchs Haus: »Ach du liebe Schwiegermutter.« Jene eilte herbei, weil sie meinte, Oberlin habe sie gerufen. Der aber schüttelte scheinbar erstaunt den Kopf und meinte: »Ich rief euch nicht, Mutter. Ihr müsst euch irren. Mir fiel nur dieses Buch zu Boden.« – »Aber ich hörte doch meinen Namen!«, sagte sie. »Dann muss er mir so rausgerutscht sein.« Eine Weile spielte Oberlin dieses Spiel. Schließlich setzte sich die alte Frau in den Sessel und weinte. Oberlin fragte: »Was quält Euch, Schwiegermutter?« Da kam es heraus: »Stets rufst du meinen Namen und dann tust du so, als ob du nichts von mir wolltest.« Oberlin kann erklären: »Wenn Ihr dauernd ruft: Ach du lieber Gott, so fühlt sich der Herr von Euch angerufen. Dann will er hören, was Ihr ihm zu sagen habt. Aber er vernimmt nichts, denn er war nicht gemeint. Sollte das Gott nicht kränken?« Von Stund an, wird erzählt, habe Oberlin seine Schwiegermutter nicht mehr rufen hören: »Ach du lieber Gott.«

Mir persönlich tut es auch weh, wenn Menschen um mich herum den Namen Gottes so benutzen, als sei er ein Verlegenheitsausdruck oder einfach ein Stück Wortmüll. Außerdem finde ich es immer ein bisschen komisch, wenn jemand »Ach Gott!« zu mir sagt – ich habe ja schließlich auch selber einen Namen ...

Gebet

Dein Name sei uns heilig,
weil du uns heilig bist.
Wir wollen dich mit deinem Namen ansprechen,
so wie Menschen einander ansprechen.
Lass uns ganz neu entdecken,
welche Kraft in deinem Namen steckt,
wenn wir dich anrufen,
um etwas bitten,
andere Menschen deinem Namen anvertrauen
und uns im Schutz deines Namens bergen.
Geheiligt werde dein Name von uns.

Gestaltungstipp

- Analog zu den 99 Namen Gottes im Islam ein schönes Blatt mit Namen Gottes zusammenstellen, das am Ausgang verteilt wird.

- Aufgabe für die Gemeinde: Namen Gottes selbst aufschreiben. Diese können ins Schlussgebet eingebaut werden.

Ein Sonn(en)tag für die Seele
4. Gebot

Einleitung

Ein Gebot, bei dem mehr auf dem Spiel steht, als man auf den ersten Blick denken könnte. Und damit meine ich nicht das Erbe des christlichen Abendlandes, das durch die Aushöhlung des Sonntags gefährdet ist. Ich meine die Menschen, die in Gefahr sind mit Leib und Seele, wenn der Sonntag mehr und mehr fällt.

»Gedenke des Sabbattages, dass du ihn heiligest. Sechs Tage sollst du arbeiten und alle deine Werke tun. Aber am siebenten Tag ist der Sabbat des Herrn, deines Gottes. Da sollst du keine Arbeit tun, auch nicht dein Sohn, deine Tochter, dein Knecht, deine Magd, dein Vieh, auch nicht dein Fremdling, der in deiner Stadt lebt. Denn in sechs Tagen hat der Herr Himmel und Erde gemacht, und das Meer und alles, was darinnen ist, und ruhte am siebenten Tage. Darum segnete der HERR den Sabbattag und heiligte ihn.« (Ex 20,8-11)

Theater

Eine Familie (Eltern, zwei Kinder) sitzt am Tisch zusammen.

Vater: Wisst ihr eigentlich, wie lange es her ist, dass wir das letzte Mal einen Familienausflug gemacht haben? *(Kinder stöhnen)*

Mutter: Das stimmt! Mindestens ein halbes Jahr ...

Vater: Ich finde, wir sollten am Sonntag wieder mal gemeinsam was machen.

Leonie: Muss das sein?

Theresa: Das ödet doch nur an!

Vater: Euch reicht's vielleicht, dass ihr im »Hotel Mama« bekocht werdet und dass eure Klamotten gewaschen werden. Aber solange wir als Familie hier wohnen ...

Mutter: ... sollten wir auch ab und zu als Familie was unternehmen.

Vater: Also, was ist mit nächstem Sonntag? *(Alle schauen in ihre Kalender)*

Leonie: Geht leider nicht. Da haben wir im Tischtennis Jahresfeier ...

Vater: Und eine Woche später?

Leonie: Geht.

Theresa: Bei mir nicht. Reitturnier.

Vater: Die Woche drauf?

Theresa: Englischarbeit am Montag – da muss ich lernen!

Vater: Und am letzten Juniwochenende?

Leonie: Probenwochenende im Orchester – da bin ich weg.

Vater: Das gibt's doch nicht! Jeden Sonntag ist irgendwas anderes ... Letzter Versuch: eine Woche später?

Leonie: Geht.

Theresa: Geht.

Mutter: *(kleinlaut)* Da muss ich leider passen. Wochenenddienst.

Vater: Das ist doch verrückt! Wir werden doch wohl noch *einen* Sonntag finden, wo wir als Familie mal alle Zeit haben!?

Theresa: Nimm's nicht so schwer, Papa ...

Leonie: ... wir überleben's ja auch ...

Mutter: Und wenn wir einfach mal noch weiterschauen?

Kinder: Wenn's unbedingt sein muss ...

Alle blättern wieder in ihren Kalendern.
Jemand kommt und hält ein Schild vor die Szene: »30 Minuten später«
Alle hängen mit ihrem Kalender erschöpft über dem Tisch.

Vater: Okay, ich halte noch mal für alle fest: Wir machen unseren Familienausflug am 30. Juni 201X *(zwei Jahre vom aktuellen Datum entfernt)* ...

Predigt

1. DEN SONNTAG HEILIGEN HEISST FÜR SEINEN SCHUTZ EINTRETEN

»Du sollst den Sabbat heiligen!« (Ex 20,8), heißt das vierte Gebot. Was der Sabbat für die Juden ist, ist für Christen der Sonntag. Aber mit dem Sonntag ist es manchmal nicht so einfach ...

Wer von Ihnen, von den Erwerbstätigen, hat die klassische Arbeitswoche von Montag bis Freitag? Darf ich Sie bitten, mal die Hand zu heben?

Und wer muss auch am Wochenende arbeiten? Bitte auch die Hand heben!

Da gehören Hausfrauen und -männer auch dazu!

Manche würden den Sonntag ja wirklich gern als Sonntag begehen – aber sie können nicht. Natürlich gab es schon immer Berufe, wo sonntags gearbeitet werden muss: in Krankenhäusern, in Einrichtungen für pflegebedürftige oder behinderte Menschen, in diversen Notdiensten, bei den Verkehrsbetrieben, in Kraftwerken, bei der Polizei und im Rettungswesen, in der Gastronomie und nicht zuletzt auch in der Kirche.

Aber der Trend geht zur totalen Freigabe des Sonntags. Seit Ende 2006 dürfen die Länder selbst über die Ladenöffnungszeiten bestimmen, vorher war es Sache des Bundes.

Als erstes Bundesland hat Berlin im Eilverfahren dafür gesorgt, dass Geschäfte wochentags rund um die Uhr sowie an zehn Sonn- und Feiertagen öffnen dürfen, darunter an allen vier Adventssonntagen – die letzte Bestimmung hat allerdings das Bundesverfassungsgericht 2010 für verfassungswidrig erklärt.

In Baden-Württemberg haben wir's noch vergleichs-weise gut. Der Stuttgarter Landtag hat im Februar 2007 zwar den Weg frei gemacht für die vollständige Ladenöff-nung an Werktagen. Die Zahl verkaufsoffener Sonntage ist allerdings von vier auf drei reduziert worden. Und an den Adventssonntagen darf grundsätzlich nicht geöffnet werden, auch nicht an Ostersonntag oder Pfingstsonntag.

Insgesamt geht der Trend aber zur Liberalisierung. Li-beralisierung – das klingt gut, das riecht nach Freiheit, nach Luft –, aber was des einen Freiheit, ist des anderen Zwang. Hauptleidtragende der Liberalisierung sind nach Einschätzung von Gewerkschaften und Kirchen die 2,7 Millionen Beschäftigten im Einzelhandel, die unter ge-sundheitsschädlichen und familienfeindlichen Arbeits-zeiten zu leiden haben.

Manche sagen: Was kann ich als Einzelner schon da-gegen tun? Aber wenn viele Einzelne einen verkaufsof-fenen Sonntag boykottieren, dann bewegt sich am Ende doch etwas. In Heidelberg gab es vor einiger Zeit eine große Unterschriftenaktion der Kirchen gegen verkaufs-offene Sonntage: In den ersten zehn Tagen kamen bereits 4.500 Unterschriften zusammen! Da haben sich Leute stark gemacht für das, was ihnen wichtig ist!

Machen Sie sich in Ihrem Umfeld auch für den Sonn-tag stark? Manchmal merkt man es ja gar nicht, dass man ihn selber aushöhlt ...

Lange Jahre fand das Sommerfest unseres evange-lischen Kindergartens wie selbstverständlich an einem Sonntag statt. Bis uns vor zwei Jahren aufgefallen ist, wie viele Leute dann am Sonntag arbeiten müssen: beim Aufbau, beim Abbau, im Speisenverkauf, in der Küche, etc. Jetzt haben wir das Sommerfest auf Samstag gelegt. Es geht auch, und der Sonntag bleibt frei.

Wir sind alle gefragt, an unserem Platz die Augen aufzumachen und unseren Teil beizutragen, dass der Sonntag geschützt wird.

Wenn in meinem Verein z.b. auf einmal Veranstaltungen auf den Sonntagvormittag gelegt werden: Ziehe ich dann den Kopf ein, weil ich nicht anecken will, oder mache ich meinen Mund auf und sage: Hört mal, das kann doch nicht euer Ernst sein!?

Auch wer sonntagmorgens frische Brötchen beim Bäcker holt, ist mit dafür verantwortlich, dass andere am Sonntag arbeiten müssen. Natürlich sind frische Brötchen zum Frühstück lecker, aber welchen Preis bezahlen andere dafür? Wahrscheinlich würden die, die jetzt sonntags arbeiten müssen, auch gern mit ihrer Familie am Frühstückstisch sitzen, auch wenn die Brötchen dann »nur« aufgebacken sind ...

Aber der Sonntag ist auch von anderer Seite bedroht ...

2. DEN SONNTAG HEILIGEN HEISST ZUR RUHE KOMMEN

Können Sie eine halbe Stunde lang allein im Garten sitzen (im Sommer natürlich) ... ohne ein Buch in der Hand, ohne Musik zu hören, ohne mit dem Handy zu spielen, ohne aufzustehen und irgendwo Unkraut herauszuzupfen, ohne in Gedanken die nächste Woche zu planen?

Das hebräische Wort *schabbat* heißt wörtlich übersetzt: aufhören. Der Sabbat, das ist der Aufhörtag, der Ruhetag.

Ich lese den Text des vierten Gebots – Sie sind jetzt zwar nicht im Garten, aber lehnen Sie sich ruhig mal zurück – und hören Sie, wie allein schon von diesen Worten Ruhe ausgeht!

»Halte den Ruhetag in Ehren, den siebten Tag der Woche! Er ist ein heiliger Tag, der dem Herrn gehört. Sechs Tage sollst du arbeiten und alle deine Tätigkeiten verrichten; aber der siebte Tag ist der Ruhetag des Herrn, deines Gottes. An diesem Tag sollst du nicht arbeiten, auch nicht dein Sohn oder deine Tochter, dein Sklave oder deine Sklavin, dein Vieh oder der Fremde, der bei dir lebt. Denn in sechs Tagen hat der Herr Himmel, Erde und Meer mit allem, was lebt, geschaffen. Am siebten Tag aber ruhte er. Deshalb hat er den siebten Tag der Woche gesegnet und zu einem heiligen Tag erklärt, der ihm gehört.« (Ex 20,8-11)

Die Ruhe gehört zu Gott selbst. So wie das Schaffen, Tätigsein, Kreativsein (im wahrsten Sinn des Wortes) als Kreator, als Schöpfer – und dann ruhen, zurücktreten, ausschwingen lassen, Atem holen für die Seele.

Obwohl ich als Pfarrer notgedrungen ein Sonntagsarbeiter bin, erlebe auch ich die Sonntagsruhe. Wenn ich morgens vor dem Gottesdienst in meinem Arbeitszimmer sitze, ist das eine ganz andere Stimmung als sonst: kaum Geräusche, kaum Fahrzeuge, es liegt etwas anderes in der Luft, man spürt es richtig: Heute ist Sonntag! Das tut gut!

Ruhen ist mehr als Nicht-arbeiten-Müssen. Es geht darum, einen anderen Rhythmus einzuüben, einfach da zu sein, ohne funktionieren zu müssen, ohne etwas Bestimmtes erreichen zu müssen, zwecklos etwas zu tun – das geht beim Spielen am besten; deshalb können Menschen, die ständig powern und sich nur über ihre Arbeit definieren, schlecht spielen – »einfach so«, das geht nicht ...

Auf der anderen Seite steht der Sonntags- oder Freizeitstress, den manche erleben: Schulkinder schieben ihre Hausaufgaben auf den Sonntag – dann ist ja Zeit – und sitzen damit dann stundenlang ... In den deutschen Küchen herrscht Hochbetrieb: Meist sind es die Frauen, die oft den halben Sonntag in der Küche verbringen und vielleicht noch nicht mal in den Gottesdienst können, weil um zwölf das Essen auf dem Tisch stehen muss (das gibt's hier sicher nicht mehr ...). Der Papa sitzt den halben Sonntag am PC, klagen manche Kinder. Wenn sie älter werden, hören die Klagen auf, dann sitzen sie selber vor dem PC! Und Lehrerinnen hassen Montage, weil ihre Kinder dann mit viereckigen Augen kommen und vom vielen Fernsehkonsum noch ganz von der Rolle sind. Andere machen mit Sport, Ausflügen, Unternehmungen usw. einen derartigen Stress, dass sie sich am Montag erst davon erholen müssen ...

Den Sonntag heiligen heißt Zeit haben. Zeit für mich. Zeit für andere. Und Zeit für ...

3. DEN SONNTAG HEILIGEN HEISST DER SEELE EINEN ORT GEBEN

Sonntag heißt auch Zeit haben für Gott. Meine Zeit für Gott – das ist kein Opfer, es ist mindestens ebenso Zeit für mich. Eine Frau mit großer Familie hat mir mal gesagt: Diese Stunde im Gottesdienst habe ich nur für mich allein!

Da will niemand etwas von mir, da kann ich ganz für mich sein. Sie hat es so verstanden: Wenn ich in den Gottesdienst gehe, tue ich mir damit was Gutes!

Und genau das ist es, was wir mit dem COME-Gottesdienst erreichen wollen: dass Menschen in den Gottesdienst kommen, um sich selbst damit etwas Gutes zu tun. Weil sie merken: Da hat meine Seele einen Ort, da kommt sie zur Ruhe, da kann ich Lasten abladen, da kann ich weinen, aber auch lachen, da kriege ich neue Impulse, Orientierung, neue Kraft ...

Von Albert Schweitzer stammt der Satz: »Wenn deine Seele keinen Sonntag hat, dann verdorrt sie.« Eine Seele kann verdorren, ohne dass es der Mensch merkt, dem sie gehört ...

Im Jahr 321 n. Chr. bestimmte Kaiser Konstantin den Sonntag im Römischen Reich zum Feiertag. Seitdem, also seit fast 1700 Jahren, ist der Sonntag im christlichen Abendland gesetzlich geschützt! Was würde passieren, wenn es keine Orte mehr für die Seele gäbe in den Kirchen? Sollen die Mächte des Marktes siegen und die Menschen noch mehr versklaven? Soll der Freizeitstress jede Besinnung unmöglich machen? Der Sonntag ist die Seele unserer Gesellschaft – deshalb muss er geschützt werden!

Ein anderer Name für Sonntag heißt »Tag des Herrn«. Die ersten Christen übernahmen den Ruhetag von den Juden, aber sie feierten ihn einen Tag später, am Sonntag: dem Tag der Auferstehung Jesu. Und wenn sie sonntagmorgens zusammenkamen, dann erinnerten sie sich an Ostern. Daraus schöpften sie Kraft und Mut für ihr Leben. Sie ließen sich von der Auferstehungssonne bescheinen

und erlebten am Sonntag einen Sonnentag für ihre Seele.
Unsere Kinder und Enkel sollen das auch noch erleben
dürfen!

Gebet

Für uns gibt es den Sonntag,
nicht für dich, Gott.
Wir brauchen ihn,
nicht du.
Manchmal sind wir sogar selber daran beteiligt,
dass der Sonntag kein Sonntag mehr ist,
lassen uns anstecken von Aktivismus und Unruhe.
Hilf uns ruhen, Gott!

Gestaltungstipp

- Alle Besuchenden werden vorab (z.B. in der Presse) eingeladen, einen Gegenstand mitzubringen, der für ihre Sonntagsgestaltung wichtig und wertvoll ist. Im Gottesdienst findet dann paarweise ein Austausch dazu statt. Wer nichts mitgebracht hat, teilt so mit, was für ihn zu einem guten Sonntag gehört.

- Interview mit einem Menschen, der im Schicht-/Wochenendbetrieb tätig ist (Industrie, Pflege, Landwirtschaft etc.): Erfahrungen, Auswirkungen auf Familie, Freundeskreis etc.

Vater und Mutter ehren
5. Gebot

Einleitung

Mit diesem Gebot ist viel Schindluder getrieben worden. Es wurde in früheren Zeiten benutzt, um Kindern Respekt einzutrichtern vor Eltern und Autoritäten. Nach dem Motto: Es steht schon in der Bibel, dass man seinen Eltern zu gehorchen hat. Aber man kann dieses Gebot auch ganz anders verstehen ...

> *»Du sollst deinen Vater und deine Mutter ehren, auf dass du lange lebest in dem Lande, das dir der Herr, dein Gott, geben wird.« (Ex 20,12)*

Theater

Zwei Freundinnen sitzen beim Kaffee zusammen. Das Telefon klingelt, die Gastgeberin geht dran.

1. Frau: Ja, hallo? – Ah, guten Morgen, Papa! – Ach, mir geht's gut, ich sitze gerade mit *(Name)* beim Kaffeetrinken ... Doch, ich habe heute schon noch was zu tun ...

2. Frau: Das kommt mir irgendwie bekannt vor ...

1. Frau: Nein, heute habe ich's noch nicht probiert bei dir, das muss jemand anderes gewesen sein ...

Das letzte Mal angerufen? Du weißt doch, dass bei uns immer soviel los ist. Und Klaus ist ja auch so viel unterwegs ... Nein, ich habe meinen alten Vater nicht vergessen. Hör mal! ... Ja, ich weiß, dass es schwierig für dich ist, seit Mama nicht mehr da ist. Aber schau mal, ist das so schlimm, wenn du bei uns anrufst? Die Hauptsache ist doch, dass wir miteinander reden! ...

2. Frau: *(flüstert)* Erzähl ihm was vom Urlaub!

1. Frau: Hab ich dir schon vom Urlaub erzählt? Es war einfach super: Die Wohnung war klasse, Balkon mit Aussicht direkt auf die Berge ... Ja, das Wetter war ganz okay: nur zehn Regentage bei 14 Urlaubstagen ... Nein, da waren wir nicht ... Ja, das hattest du uns empfohlen, aber den Kindern waren die tausend Höhenmeter zu viel ...

2. Frau: *(flüstert)* Na, dir doch sicher auch ...

1. Frau: Was heißt da »umsonst«? Du hast mir das deshalb doch nicht umsonst gesagt ... Aber wir müssen doch selber sehen, ob uns das passt ... Nein, so habe ich das nicht gemeint, ich freue mich doch, wenn du uns Tipps gibst ...

2. Frau: *(stöhnt)* O ja, das ist besonders toll!

1. Frau: Warum »müssen«? Ich muss überhaupt nichts, und schon gar nicht im Urlaub! Früher mit dir mussten wir hoch, auch wenn wir keine Lust hatten, aber heute ... Ja, ganz genau, und was ist daran verkehrt?! ... Respekt? Was hat das

bitte mit Respekt zu tun? Ich respektiere doch deine Meinung, aber ich muss doch für mich entscheiden ...

2. Frau: Frag irgendwas Unverfängliches!

1. Frau: Was ist denn eigentlich mit deinem Geburtstag? Weißt du schon, wann du feierst? *(zur Freundin)* Er macht gerade die Einladung. ... Und wen willst du einladen? ... Martha und Georg, Wilhelm, Jürgen und ... Moment mal, der Wilhelm ist doch letztes Jahr gestorben ...

2. Frau: Das wird peinlich ...

1. Frau: Vergessen? ... ja ... Die Adresse von Barbara? Die haben wir dir letzte Woche durchgegeben ... Nein, die hat noch nie in Heidelberg gewohnt, wie kommst du darauf? ... Papa, das war doch Maria, ihre Schwester! ... Maria willst du einladen? Das geht nicht, die ist schon seit 30 Jahren in den USA, aber das weißt du doch! – Hör mal, Klaus und ich kommen einen Tag vor deinem Geburtstag und richten ein bisschen was vor ... Nein, stell dich nicht so an, du kannst das schon brauchen ... Ja, dir auch eine gute Woche. Wir melden uns rechtzeitig vor deinem Geburtstag. Tschüss! *(Legt auf. Beide Freundinnen sehen sich an.)*

Predigt

»Ein Auge, das den Vater verspottet, und verachtet, der Mutter zu gehorchen, das müssen die Raben am Bach aushacken und die jungen Adler fressen.« (Spr 30,17) So habe ich es als Kind von meinem Vater gehört, schon nicht mehr todernst gemeint. Er hatte es von seinem Vater gehört, sicher noch mit einem anderen Unterton. Und der hatte es vielleicht von seinem Vater gehört.

Durch Jahrhunderte hindurch sind Kinder – Mädchen und Jungen – mit diesem Zeigefinger aufgewachsen: »Vater und Mutter ehren!«, d.h. Gehorsam, Gehorsam und nochmal Gehorsam. Was der Vater sagt, ist Gesetz. Was von der Mutter kommt, ist zu befolgen. Widerrede ist verboten, Widerstand wird bestraft. Die Bibel als verlängerter Arm elterlicher Autorität ...

Aber wenn man nur ein paar Verse weitergelesen hätte, dann hätte man eine interessante Entdeckung gemacht. Dort steht nämlich (Ex 21,15): »Wer seinen Vater oder seine Mutter schlägt, wird mit dem Tod bestraft.« Eltern, die ihre Kinder schlagen, gibt es. Kinder, die ihre Eltern schlagen, gibt es selten. Es sei denn, es handelt sich um ... erwachsene Kinder! Erwachsene Kinder, die Gewalt anwenden gegen ihre alten Eltern ...

Gewalt gegen alte Menschen: ein Thema, das bis vor wenigen Jahren noch kein Thema war, nicht, weil das nicht vorkam, sondern weil es noch nicht als Problem erkannt war. Auf einer Internetseite lese ich: »Nach der ›Entdeckung‹ von Gewalthandlungen gegenüber Kindern und Frauen in Familien und anderen sozialen Nahräumen haben die Sozialwissenschaften in den vergangenen beiden

Jahrzehnten zunehmend auch ältere Menschen als Opfer innerfamiliärer Delikte erkannt.«

Die meisten, die mit der Pflege alter Menschen noch nie zu tun hatten, würden wahrscheinlich sagen: Einen alten, gebrechlichen, hilflosen Mensch an den Haaren ziehen, schlagen, beleidigen, mit Medikamenten abfüllen, verwahrlosen lassen ... ein schrecklicher Gedanke!

Das hätte Elisabeth F. ganz genauso gesagt. Nachdem ihre Kinder aus dem Haus waren, hatte sie auf einen geruhsamen Lebensabend gehofft. Dann starb ganz überraschend ihr Mann. Und ein Jahr später, als sie das Schlimmste überstanden hatte und gerade dabei war, wieder unter Leute zu gehen, wurde ihre Mutter ein Pflegefall. Die alte Dame war über achtzig, resolut und geistig noch recht fit. Elisabeth F. überlegte hin und her, dann nahm sie ihre Mutter bei sich auf. Sie waren früher nicht immer gut miteinander ausgekommen, das war auch jetzt nicht anders. Fast täglich gab es Streit. Außerdem verkraftete die Mutter den Umzug nicht recht. Sie war jetzt oft verwirrt, erkannte ihre Tochter nicht mehr, beschimpfte sie, schlug um sich, machte sich steif wie ein Brett, wenn sie gewaschen werden sollte. Mobil war sie allerdings noch. Eines Tages entdeckte Elisabeth F. die ersten Kotknöddel auf dem Teppichboden. Die Windel, die sie der Mutter anzog, fand sie oft in einer Ecke wieder. Fast jede Nacht stieg die alte Frau aus dem Bett, irrte umher, fiel immer wieder – Elisabeth F. musste dann mitten in der Nacht einen Nachbarn um Hilfe bitten; danach lag sie aufgeregt im Bett, konnte nicht mehr einschlafen. Tagsüber schaffte sie nur noch mit Mühe ihre Arbeit. Rückenprobleme traten auf – wenn die Mutter etwas nicht wollte, musste sie sie schleppen. Kam jemand zu Besuch, beschwerte sich die alte Dame lautstark über ihre Tochter. Elisabeth F. lud niemand mehr ein. Manche sahen sie seltsam an. Wenn sie länger als eine Stunde aus dem Haus ging, traf sie daheim oft das reinste Chaos an. Die Tischdecke heruntergezogen, die Wand mit Marmelade oder Schlimmerem verschmiert. Als sie eines Tages von einem schnellen Einkauf zurückkam, saß die alte Frau im Wohnzimmersessel. Sie trug die neue Winterjacke der Tochter, eine Kaffeespur zog sich über Jacke und Sessel bis auf den Teppich. Elisabeth F. brach weinend vor der Mutter zusammen. Die Mutter glotzte erst abwesend und fing dann an, irr zu lachen. Da konnte sich die Tochter nicht mehr beherrschen. Sie packte die Mutter, schüttelte sie, zog sie an den Haaren und schrie ihre ganzen Aggressionen hinaus ...

Ist es so unbegreiflich, dass Menschen zusammenbrechen, wenn die Belastung zu groß wird? Ausrasten? Druck weitergeben?

Ein schweres Thema heute Abend. Und vielleicht mute ich einigen von Ihnen damit viel zu. Weil Sie manche dieser Erfahrungen schon selbst gemacht haben. Weil Sie wissen, wie es ist, wenn man auf einmal wieder Vater oder Mutter ist und ein kleines Kind versorgen muss, das 87 ist – die eigene Mutter oder den Vater, – aber dieses Kind wird nicht groß und steht über kurz oder lang auf eigenen Beinen, sondern es wird jeden Tag weniger ... und die eigenen Kräfte sind begrenzt, die eigene Familie fordert auch ihr Recht, das Leben gleitet einem durch die Finger und und und ...

Es gibt Menschen wie Elisabeth F., die gehen an der Pflege ihrer Angehörigen fast zugrunde. Oder wenn die Zeit der Pflege vorüber ist, ist die eigene Gesundheit auch dahin.

Wer von Ihnen pflegt zurzeit ein Elternteil oder hat in der Vergangenheit gepflegt? Ich bitte Sie aufzustehen.

Wer von Ihnen hat sich schon mit der Frage beschäftigt: Was soll ich tun, wenn meine Eltern pflegebedürftig werden? Bitte heben Sie die Hand!

Und wer von Ihnen hat schon darüber nachgedacht: Was geschieht eigentlich mit mir einmal, wenn ich alt bin und Pflege brauche?

Viele von uns haben instinktiv den Anspruch in sich: Du musst deine Eltern aufnehmen! Allerdings haben sich die sozialen Strukturen unserer Gesellschaft massiv verändert. Früher – im alten Israel und bis in die Neuzeit hinein – war die Großfamilie die Regel: Drei oder vier Generationen lebten von der Wiege bis zur Bahre zusammen, die Alten wurden von der Großfamilie mehr oder weniger mitgetragen und -versorgt. Heute gehen die erwachsenen Kinder mit 20 bis 30 aus dem Haus, leben ihr Leben, mehr oder weniger weit von den Eltern entfernt. Und dann, wenn sie 30 Jahre oder länger von zu Hause fort sind, sollen sie auf einmal wieder mit den Eltern zusammenwohnen: Wie soll das gutgehen? Noch dazu, wenn die Lebenserwartung so massiv gestiegen ist und viele dank guter Versorgung und einer manchmal fragwürdigen Medizin uralt werden, sodass die Kinder auch schon alte Leute sind, bis die Eltern sterben?

»Du sollst Vater und Mutter ehren!« Im alten Israel hieß das: nähren, kleiden, für Obdach sorgen. Das alles war nur im Rahmen der Familie – der Großfamilie – machbar. Ein alter Mensch konnte nur innerhalb der Familie überleben. Es gab keine Rentenversicherung und schon gar keine Pflegeversicherung, weder Altenheim noch Sozialstation. Das Elterngebot war Renten- und Pflegeversicherung in einem. Deshalb war es so wichtig und – als einziges aller Gebote – mit dem verheißungsvollen Zusatz verbunden: »auf dass du lange lebest in dem Lande, das dir der Herr, dein Gott, geben wird« – so geht dieses Gebot nämlich weiter. Das bedeutet: Wenn du deine Eltern gut behandelst, wird es dir selber gut gehen und du wirst lange leben. Warum? Ganz einfach: Deine Kinder werden von deinem Beispiel lernen. Wenn du mit deinen alten Eltern gut umgehst, werden deine Kinder auch einmal gut mit dir umgehen.

Nahrung, Kleidung, Obdach – das meint das Elterngebot. Oder etwas moderner ausgedrückt: Für das Lebensnotwendige sorgen, für kompetente Pflege sorgen, für soziale Betreuung sorgen. Du sollst Vater und Mutter ehren, das heißt: Sie sollen menschenwürdig leben können.

Das ist heute nicht mehr zwangsläufig auf die Familie begrenzt. Es gibt Pflegeeinrichtungen, die dauerhaft Menschen betreuen. Es gibt ambulante Dienste, die häusliche Pflege unterstützen. Es gibt private Pflegekräfte, von denen es die meisten nach dem Willen des Gesetzgebers gar nicht geben dürfte, die Familien die Pflege teilweise abnehmen.

Die eigenen Eltern zu ehren - im biblischen Sinn – heißt deshalb nach meinem Verständnis nicht automatisch: Ich muss sie zu mir nehmen, wenn sie pflegebedürftig sind. Das kann auch eine Einrichtung übernehmen. Es bedeutet ja nicht, dass ich mit meinen Eltern keinen Kontakt habe. Ich kenne Menschen, die ihre Familienangehörigen nicht selbst pflegen konnten, z.B. weil sie selbst schon zu alt waren, aber dann besuchen sie treu den Vater oder die Mutter – oder vielleicht auch den Ehepartner!

Vielleicht denken Sie anders darüber. Es kommt, glaube ich, auch darauf an, aus welchem Blickwinkel ich es sehe. Stelle ich mir vor, ich bin Pflegender, also Sohn oder Tochter, die ein Elternteil aufnehmen, dann wird mir schnell bewusst, wie sich mein ganzes Leben durch eine solche Entscheidung ändern könnte, was ich alles umstellen muss, hintanstellen, aufgeben muss. Stelle ich mir vor, ich bin selbst die pflegebedürftige Person, dann spüre ich vielleicht eher eine Sehnsucht in mir nach vertrauten Menschen, nach dem geschützten Bereich der Familie, in dem ich alt werden kann.

Ich möchte Sie einladen, Ihre Meinung dazu kurz mitzuteilen. Ich habe gesagt: Pflege und Fürsorge sind heute nicht mehr auf die Familie beschränkt. Die Eltern ehren heißt deshalb nicht automatisch, dass ich pflegebedürftige Eltern bei mir aufnehmen muss. Was meinen Sie dazu?

Äußerungen aus der Gemeinde über Funkmikro

Abseits der Alternativen »Häusliche Pflege oder Heimpflege« gibt es inzwischen auch neue Ideen für das Zusammenleben von Alt und Jung. Vor einiger Zeit wurde in Heidelberg ein sogenanntes Mehrgenerationenhaus eröffnet. Die Politik misst dem große Bedeutung zu, sodass die Bundesfamilienministerin selbst zur Einweihung kam. Menschen unterschiedlichen Alters und in verschiedenen Situationen leben hier unter einem Dach, Austausch und auch Fürsorge sind möglich. Freiwilliges soziales Engagement und professionelle soziale Arbeit ergänzen sich. Die Ministerin drückte es so aus: »Mehrgenerationenhäuser sind wie soziale Bienenstöcke – sie bieten für alle etwas.« Das Heidelberger Haus wird vom Verein »Diakonische Hausgemeinschaften e. V.« (www.hausgemeinschaften.de) getragen, der Bund fördert diese Initiativen mit. Es wird noch einiges an Phantasie brauchen, um neue Formen zu entwickeln, damit alte Menschen würdig leben können, ohne dass jüngere Menschen an der Pflege zerbrechen.

Was ich heute Abend nicht konnte und nicht wollte: Ratschläge geben, geschweige denn Regeln aufstellen. Aber eine gute Kontrollfrage ist es, glaube ich, sich zu fragen: Wenn ich selber einmal pflegebedürftig bin, was erwarte *ich* dann von meinen Kindern?

Gebet

Du, Gott, weißt, was wir für unser eigenes Alter
fürchten und was wir ersehnen,
was uns belastet im Hinblick auf unsere eigenen
Eltern,
was wir von anderen mitbekommen
an geglückten und schwierigen Beziehungen.
Hilf uns, Wege zu finden,
dass alle in Würde leben können,

alte Menschen und jüngere,
und schenke uns Phantasie in der Gesellschaft,
neue Formen zu entwickeln,
wie Alter überzeugend gelebt
und bewältigt werden kann.

Gestaltungstipp

- Interview mit einem pflegenden Angehörigen oder einer Mitarbeiterin einer Pflegeeinrichtung.

- Spontanäußerungen zur Predigt (siehe dort)

Leben lassen
6. Gebot

Einleitung

Auf den ersten Blick scheint es nicht aktuell. Nach fast 70 Jahren Frieden in unserem Land muss doch niemand daran erinnert werden. Durch die Straßen marschieren keine jungen Männer, die später andere im Krieg totschießen werden.

Was also soll das Gebot: *»Du sollst nicht töten« (Ex 20,13)?*

Theater

Ein Mann geht durch den Kirchenraum, blickt prüfend in die Reihen, schließlich stellt er sich vor die Gemeinde:

Sehr geehrte Damen und Herren, die Gemeindeleitung hat beschlossen, dass bei großen Gottesdiensten künftig Kontrollen durchgeführt werden. Die Welt wird von Tag zu Tag gefährlicher, es gibt immer mehr Terroristen und andere riskante Zeitgenossen. Leider sind auch die Kirchen nicht davor geschützt.
Deshalb frage ich Sie: Führt jemand von Ihnen eine Waffe mit sich? *(Pause)*
Kann ich dann davon ausgehen, dass Sie Ihre Waffe vor Betreten der Kirche abgegeben haben? *(Pause)*

Predigt

»Es ist schon ziemlich spät, mitten in der Nacht. Ein Mann in den besten Jahren verlässt sein Lokal und schaut sich vorsichtig um. Niemand zu sehen? Na, dann los! Was hat er vor? Er beeilt sich, immer ängstlich bemüht, ob die Luft auch wirklich rein ist. Denn mit der Polizei möchte er nichts zu tun bekommen. In der Hand hält er schon seine Waffe, fest entschlossen, sie auch einzusetzen. Aha, denkst du, das ist ein Dieb, ein Räuber auf der Suche nach einem unschuldigen Opfer. Oder ist es gar ein Mörder, einer, der auf wehrlose Beute lauert?

Gleich packt dich die Angst und das Entsetzen! Da muss man sofort eingreifen und Hilfe rufen! Ran ans Telefon: ›Herr Wachtmeister, da ist einer, der ...!‹

Moment mal, jetzt steht er unter einer Laterne vor einem Auto. Im Schein der Lampe erkennst du plötzlich, was er in der Hand hält. Dir fällt ein Stein vom Herzen, es ist gar kein Messer, auch kein Revolver, es ist ja bloß der Autoschlüssel. Du atmest auf, denn gerade als der Mann ins Auto steigen will, schaut er sich noch einmal prüfend um, und du erkennst sein Gesicht. Ach so, denkst du, das ist doch nur der Otto Normalverbraucher vom Nachbardorf. Der hat mal wieder seine übliche Menge Bier getankt und will nach Hause. Du lehnst dich beruhigt in deinem Sessel zurück und denkst: ›Was bin ich froh, dass wir nicht unter die Räuber gefallen sind!‹

Du kannst ja nicht ahnen, dass Otto Normalverbraucher zwei Minuten später mit seinem Auto auf die Gegenfahrbahn kommt und dabei einen Menschen umbringt, eine Frau ihres Mannes und zwei Kinder ihres Vaters beraubt. Seine Waffe war der Autoschlüssel, seine Munition bestand aus Alkohol, Kaliber 1,5 Promille.«[1]

Das Auto als Waffe? Das Lachen bleibt einem im Hals stecken, wenn man mit der »Waffe Auto« schon Bekanntschaft gemacht hat. In zehn Jahren als Pfarrer hier musste ich sechs Menschen beerdigen, die durch Verkehrsunfälle gestorben sind. Zwei waren 18 Jahre alt, einer war 20. Einen von ihnen habe ich in seinen letzten Stunden im Krankenhaus noch besucht. Bei einem weiteren jungen Mann wurde ich von der Polizei an einem frühen Samstagmorgen aus dem Bett geholt, um den Eltern die Todesnachricht zu überbringen.

Das sind Erfahrungen, die man nie mehr vergisst ...

Natürlich wollte niemand von ihnen sich mit dem Auto töten. Aber es geht einfach so schnell! Das Auto ist eine potenzielle Waffe.

Viele von uns setzen sich täglich ins Auto. Denken Sie noch daran, dass Ihr Auto zur Waffe werden kann – für Sie selbst und für andere? So schnell ist das vergessen.

Ein paar Kontrollfragen für alle, die selbst Auto fahren:

· Wie schnell sind Sie an den Einmündungen der Bundesstraße, wo die 70-Schilder stehen? 80, 90, 100 oder darüber? Oder wissen Sie's gar nicht, weil Sie nicht auf den Tacho schauen?
· Werden Sie häufig geblitzt?
· Überholen Sie, auch wenn's schon mal riskant wird?

---

1 Rolf Tönges (1994), neu abgedruckt in Rhein-Neckar-Zeitung 20.03.2000, Mosbacher Ausgabe, 5.

- Hat Sie ein Mitfahrer schon mal auf Ihren Fahrstil angesprochen – z.B. dass er Angst hat?
- Lassen Sie sich durch Musik, Gespräche, Kaffeetrinken, Handy etc. vom Geschehen auf der Straße ablenken?
- Wenn Sie etwas getrunken haben: Ist Autofahren für Sie dann tabu oder denken Sie: Das bisschen macht mir nichts aus?
- Erleben Sie öfter Situationen, wo Sie im Nachhinein sagen: Puh, das ist gerade noch mal gut gegangen!

Natürlich haben wir beim Autofahren nicht alles im Griff! Jeder macht ab und zu Fehler. Und Gott sei Dank sind viele Schutzengel unterwegs. Aber das entbindet uns nicht von unserer Verantwortung. Meine Horrorvorstellung – und sicher nicht nur meine! – ist es, aus Unachtsamkeit den Tod (oder die Verletzung) eines anderen Menschen zu verursachen.

Und das passiert noch viel zu oft. Auch wenn die Zahl der Verkehrstoten in Deutschland zurückgeht. 2007 war der niedrigste Stand seit Beginn der Statistik 1953: Knapp 5.000 Menschen starben im Straßenverkehr. 1970 waren noch 21.332 Menschen auf deutschen Straßen umgekommen. Seither ging die Zahl zurück. Weil vorsichtiger gefahren wird? Die Experten nennen andere Gründe: Die Fahrzeuge sind sicherer geworden (Airbag, ABS), wir haben Gurtpflicht und eine bessere Notfallmedizin. Übrigens: Gegen den Trend stieg die Zahl der getöteten Jugendlichen. Da sehen die Fachleute fehlende Erfahrung und ältere, weniger sichere Autos als Ursache.

5.000 Tote jährlich – so viel wie Aglasterhausen mit seinen Teilorten zusammen! Stellen Sie sich vor, unser Ort mit all seinen Menschen würde einfach ausradiert werden! Und jedes Jahr wieder ein Ort in dieser Größe!

Auf der B 292 sind seit einigen Jahren Warntafeln aufgestellt. Sie nennen die Zahl der Unfälle, Verletzten und Toten in einem bestimmten Zeitraum. Neulich habe ich mit dem dafür Verantwortlichen im Polizeipräsidium Heidelberg gesprochen. Er erzählte mir, dass die Schilder aufgestellt wurden, nachdem sich tödliche Unfälle auf dieser Strecke gehäuft hatten. Daneben wurden auch andere Maßnahmen ergriffen, z.B. bauliche Veränderungen an der Straßenführung. Ob die Warnschilder etwas gebracht haben, kann man natürlich nur schwer sagen. Die Zahl der Toten stieg jedenfalls nicht mehr so rasant an. Vor zwei Jahren fasste man deshalb den Entschluss, die Tafeln wieder abzubauen. Kaum waren sie weg, kamen von den umliegenden Gemeinden jede Menge Proteste: Die Tafeln müssten unbedingt bleiben! Und so wurden sie wieder aufgestellt, nachdem man sie zuvor auf den neuesten Stand gebracht hatte.

Wenn wir als Familie mit dem Auto in Urlaub fahren, beten wir vor der Reise. Eigentlich müssten wir vor jeder Fahrt beten – nicht zuletzt deshalb, weil wir dann selbst auch vorsichtiger fahren. Und ein Dankgebet am Ende der Fahrt.

Beten macht bewusst. Nicht nur, dass es nicht selbstverständlich ist, heil anzukommen. Sondern auch für die Verantwortung, die ich am Steuer habe. Ich fahre gern Auto. Trotzdem sage ich meinen Kindern immer: »Autofahren ist kein Spaß. Ganz schnell wird es tödlicher Ernst.«

Und weil Autofahren so normal ist, müssen wir immer wieder einen Schritt zurücktreten und uns klarmachen, was ein Auto anrichten kann. Unser Auto. Was wir anrichten können. Und dann wieder bewusster fahren. Sicher nicht für den Rest unseres Lebens. Aber für die nächsten Tage.

Gebet

So viele Möglichkeiten haben wir heute,
um uns fortzubewegen,
mobil und flexibel zu sein.

Und so selbstverständlich ist es für uns,
dass wir die Gefahren oft gar nicht sehen.
Wie oft hast du, Gott, die Hand über uns gehalten,
im letzten Moment den Unfall abgewendet,
als wir schon dachten, es sei zu spät.

Lass uns deine Schutzengel nicht einplanen
in unseren Fahrstil,
hilf uns, verantwortlich umzugehen mit Autos,
Geräten, Maschinen,
damit sie nützen und Schaden verhindert wird.

Und hilf allen, die damit leben müssen,
dass durch sie jemand zu Schaden gekommen ist.

Alles, was ist,
hast du gemacht,
Schöpfer!
Und wir sind ein Teil davon.

Gestaltungstipp

- Interview mit jemandem, der berufsmäßig mit Unfällen zu tun hat (Polizei, Rettungsdienst etc.) und einen realistischen Eindruck vermitteln kann.

- Zehn Gebote zum sicheren Fahren aufstellen (lassen).

Only You
7. Gebot

Einleitung

Würde man Kindern in der Grundschule die Zehn Gebote vorlegen und sagen: Welches davon betrifft dich?, eine ganze Reihe würde auf dieses Gebot zeigen. Was es bedeutet, wenn dieses Gebot verletzt wird, das haben sie schon am eigenen Leib, besser gesagt, an ihrer Seele erfahren. Viele können davon erzählen, wie es ist, wenn der Papa die Familie verlässt oder die Mama einen Freund hat, wenn am Wochenende Umzug zum Papa angesagt ist und in der Regel nur ein Elternteil verfügbar ist.

In der Bibel heißt dieses Gebot ganz schlicht:
»Du sollst nicht ehebrechen.« (Ex 20,14)

Theater
Zwei Freundinnen sitzen beim Kaffee.

Karin: Super, dass wir endlich mal wieder Zeit zum Reden haben ...

Heike: Ja, ich hab mich auch schon lange drauf gefreut. Das ist bestimmt schon ein halbes Jahr her, dass wir uns zum Kaffeetrinken getroffen haben. Schön, dass du da bist ... was darf ich

	dir geben? *(Bedient die Freundin mit Kaffee etc.)*
Karin:	*(nach dem ersten Schluck)* Hm! Neue Kaffeemaschine?
Heike:	Ja, nach langem Überlegen haben wir uns endlich eine gegönnt! Genauer gesagt: Bernd hat sie mir zum zwanzigsten Hochzeitstag geschenkt ...
Karin:	Wow – so lange seid ihr schon verheiratet! Na ja, auf so eine Idee würde Klaus noch nicht einmal zu unserer Goldenen Hochzeit kommen! Ich hab schon immer gewusst: Du hast damals eine gute Wahl getroffen.
Heike:	*(schweigt)*
Karin:	Was? Keine Zustimmung?
Heike:	Doch.
Karin:	Das klingt ja höchst überzeugend! Was ist denn los? Habt ihr zwei Stress miteinander?
Heike:	*(guckt vor sich hin)* Ich bin mir nicht sicher, ob ...
Karin:	... ob was?
Heike:	*(leise)* ... ob Bernd mir noch treu ist.
Karin:	Was?! Mein Gott, das wäre ja schrecklich! Wie kommst du darauf?
Heike:	Ich weiß nicht, er ist so anders. So distanziert. Meidet das Gespräch, geht allem aus dem Weg, was irgendwie nach Zärtlichkeiten aussieht, von allem anderen ganz zu schweigen ...
Karin:	Aber das muss doch nicht gleich heißen, dass er

	was mit einer anderen hat! Das kenne ich von Klaus auch, dass er manchmal komisch drauf ist – vielleicht haben Männer auch ihre Tage ...
Heike:	Nee, das ist anders. Er ist auch so oft weg, ohne dass es dafür einen Grund gibt. Er sagt zwar, es gibt in der Firma so viel zu tun, aber das nehme ich ihm nicht ab. Und dann kommt er erst spät nach Hause, erzählt nichts ...
Karin:	Hast du ihn mal drauf angesprochen?
Heike:	Natürlich!
Karin:	Und?
Heike:	Er hat alles rundheraus abgestritten. Und mir noch tierisch die Szene gemacht, wie ich dazu käme, so was von ihm zu denken.
Karin:	Na ja, er braucht sich aber nicht zu wundern, wenn sich doch so viel verändert hat.
Heike:	Das hab' ich ihm auch gesagt!
Karin:	Und wie hat er reagiert?
Heike:	Er hat mir am nächsten Tag einen Ausdruck aus dem Internet mitgebracht. Warte, ich hol's mal ...
Heike:	*(liest vor)* Gib Ehebruch keine CHANCE ! Sie sind frisch verliebt, verlobt oder verheiratet? Dann sind Sie hier richtig. Treue und Vertrauen sind die Basis jeder Beziehung. Sorgen Sie dafür, dass diese Basis erhalten bleibt! Geben Sie Eifersucht keine Chance und beugen Sie mit Transparenz vor. Lassen Sie es nicht so weit kommen.

Geben Sie sich mit Ehebruch24 den Liebesbeweis des neuen Jahrtausends, erteilen Sie sich gegenseitig eine Ortungsgenehmigung, dann hat Eifersucht keine CHANCE!
Eine lange und glückliche Partnerschaft wünscht Euer Ehebruch24-Team

Karin: Soll das ein Witz sein?

Heike: Es klingt wie einer, aber die Seite gibt's wirklich! Du schließt einen Vertrag ab, und jedes Mal, wenn du deinen Mann über sein Handy orten lässt, zahlst du 99 Cent.

Karin: Nicht zu fassen! Und Bernd hat das ernst gemeint?

Heike: Ich glaube schon. Er meint, so könnte ich ihn auf Schritt und Tritt überwachen. Damit ist das Problem für ihn erledigt.

Karin: Und was willst du jetzt tun?

Heike: Ich weiß es noch nicht. Was meinst du denn?

Predigt

Letzte Woche hat eine Frau eine E-Mail an unser Team geschickt: sie könne heute Abend nicht kommen. Vor Kurzem habe sich ihr Mann von ihr getrennt. Deshalb komme sie mit dem Thema überhaupt nicht klar.

Unter uns werden einige sein, für die das heutige Thema nicht nur Theorie ist. Sie haben erlebt, wie es ist, wenn die Beziehung kaputt geht, der Ehepartner davonläuft oder eine andere Beziehung anfängt, die Familie auseinanderbricht, das eigene Leben auf den Kopf gestellt wird ...

Das alles ist mit so viel Schmerzen verbunden. Tiefe Wunden werden gerissen und Narben bleiben zurück ...

Und jetzt muss ich eine Einschränkung machen: Ich werde heute Abend nicht auf alles eingehen können. Ich werde ...

- · nichts zum Thema »Scheidung« sagen;
- · nicht über das Thema »Ehe und Partnerschaft« im Allgemeinen sprechen;
- · auch nur kurz den Fall streifen, dass ein Ehepartner untreu geworden ist.

Ich möchte stattdessen fragen: Was stärkt Partner in ihrer gefährdeten Beziehung?

Zum Thema Ehebruch gibt's logischerweise keine Statistik, nur Umfragen: Bei einer Emnid-Umfrage von 2005 unter 500 Frauen und Männern gaben 89 % der Frauen und 83 % der Männer an, während einer festen Beziehung weder eine längere Liebschaft noch einen One-Night-Stand gehabt zu haben (Rhein-Neckar-Zeitung 13.01.2005). Jeder Siebte etwa gab Untreue zu. »Feste Beziehung« ist allerdings etwas anderes als Ehe ...

Pessimistischer geht eine Umfrage der »freundin« von 2008 aus: Von 1.000 Befragten gaben 47 % der Männer und 38 % der Frauen zu, ihren Partner schon betrogen zu haben, durchschnittlich 43 % (zit. Rhein-Neckar-Zeitung 03.03.2008). Grob gesagt: fast jeder Zweite. »Ehebruch« sagt im Übrigen kaum noch jemand, meist »Seitensprung«. Jeder Zweite – das würde heißen: Es ist beinahe schon normal ...

Und dann gibt's noch die klassische, aber schon etwas ältere Position: »Ihr wisst, dass es heißt: ›Du sollst nicht die Ehe brechen!‹ Ich aber sage euch: Wer die Frau eines anderen begehrlich ansieht, hat in seinem Herzen schon die Ehe mit ihr gebrochen.« (Mt 5,27f) Unter Ehebruch fallen hier alle, die schon mal eine andere Frau oder einen Mann angesehen haben und dabei an mehr gedacht haben – wie viele sind das? Ca. 105 %?

Warum macht Jesus das? Warum diese Radikalisierung, die fast alle zu Ehebrechern macht? Verharmlost das nicht den richtigen Ehebruch? Und kriminalisiert die, die's bei dem Gedanken belassen? Es muss doch etwas anderes sein, ob Ehebruch in meinem Kopf stattfindet oder ob ich's dann wirklich tue – oder nicht?

Was meinen Sie dazu? Kann man das wirklich so machen, wie Jesus das tut? Den, der die Ehe bricht, auf eine Stufe stellen mit dem, der beim Anblick einer Frau an mehr denkt?

Murmelpause

Wie so oft hat Jesus die Leute vor den Kopf gestoßen, die eigentlich alles richtig machen. Oder es zumindest von sich denken. Nur *eine* Frau gehabt. Nur *einen* Mann geliebt. Immer treu geblieben. Kein Flirt mit der Kollegin, kein Techtelmechtel mit dem Freund des Mannes. Es nicht auf Affären angelegt.

Und dann kommt Jesus und sagt: Wer die Frau eines anderen begehrlich ansieht, hat in seinem Herzen schon die Ehe mit ihr gebrochen.

Was Jesus damit meint: Das Problem beginnt nicht erst dann, wenn du in einem fremden Bett gelandet bist. Es beginnt schon früher ...

Es gab Richtungen im Judentum und Christentum und später im Islam, die das Problem aus der Welt schaffen wollten, indem sie die Frauen aus der Welt schafften. Männer sollten möglichst alle Kontakte mit Frauen meiden: keine Blicke, keine Berührungen, kein Gespräch ... Und dann gab es die Männer, die sich selbst »aus der Welt schafften«: die Wüstenmönche, die sich in die Einöde der ägyptischen Wüste zurückzogen. Da waren sie fernab von allen Frauen. Doch wie wir aus der Überlieferung wissen, hatten *sie* besonders stark mit sexuellen Phantasien zu kämpfen ...

Problematisch sind nicht die Bilder vor meinen *Augen* (die Frau, die ich sehe und attraktiv finde), problematisch ist, was mein *Kopf* aus diesen Bildern macht. Das Kopf-Kino hier oben drin.

Aber warum entstehen diese Bilder oder Wünsche in unserem Kopf?

Manche sagen: Der Mensch ist eben nur ein triebgesteuertes Tier. Meist sind dann Männer gemeint, oder zoologisch präziser – mit der Popgruppe »Die Ärzte«: »Männer sind Schweine«. Interessanterweise sind dieselben triebgesteuerten Leute sehr wohl in der Lage, mit Messer und Gabel zu essen, bekleidet herumzulaufen und die kompliziertesten Apparate zu bedienen.

So ist das Ganze schnell als Bequemlichkeitsbehauptung entlarvt: Wenn ich's in den Genen habe, dann kann ich nichts dafür, wenn ich's auslebe, oder?

Umfragen geben Hinweise darauf, warum sich Männer

oder Frauen einen anderen Partner wünschen und den Bildern im Kopf nachgeben: In der Umfrage der »freundin« wird als häufigste Begründung für Untreue genannt: »Ich habe mich von meinem Partner vernachlässigt gefühlt und ihn deshalb betrogen« (43 % der männlichen und 40 % der weiblichen Befragten).

Phantasien werden also nicht einfach dadurch provoziert, dass ich als Mann jeden Tag einer Reihe attraktiver Frauen begegne. Wenn ich in meiner eigenen Beziehung zufrieden bin und mich wohlfühle, werde ich andere Frauen ohne Hintergedanken ansehen können – und mich sogar freuen können an ihrer Attraktivität, an ihrem Aussehen, ihrem Charme ...

Herrscht in mir drin jedoch eine andere Grundstimmung, bin ich unzufrieden mit meiner Beziehung, sehe ich nur, was bei uns schlecht läuft (und an allem ist natürlich meine Partnerin schuld), dann sehe ich auch andere Frauen anders. Dann bin ich viel eher in der Versuchung, sie als potenzielle Alternativen zu sehen. An der einen Stelle läuft's gerade mies, also weiche ich aus, suche mir jemanden, der scheinbar unkomplizierter, schöner, leichter zufriedenzustellen ist etc. und bestrafe meine Partnerin damit, die ja sowieso an allem schuld ist ...

Nie ist eine Versuchung gefährlicher als in der Krise ... da findet sie besonders leicht Gehör.

Sex mit einer anderen Frau oder einem anderen Mann ist das, was am Ende steht. Oder plakativ: Dem Ehebruch geht schon ein Bruch voraus. Ich sage das nicht, um Untreue zu entschuldigen oder zu verharmlosen, sondern um deutlich zu machen: Vorher hat es an mindestens einer entscheidenden Stelle schon nicht mehr gestimmt, da war schon ein Riss entstanden (vielleicht noch unsichtbar). Durch den Ehebruch kommt dann der endgültige Bruch – und oft ist es dann ja auch aus!

Wie kann ich vermeiden, dass es so weit kommt? Was hilft die Treue halten, wenn es schwierig wird? Sieben Ratschläge zum siebten Gebot:

1. Ich denke an mein Eheversprechen: »Willst du diese Frau als *deine* Frau aus Gottes Hand annehmen, sie lieben und ehren, Freude und Leid mit ihr teilen und ihr die Treue halten, bis der Tod euch scheidet, so antworte: Ja, mit Gottes Hilfe.« Das habe ich einmal versprochen. Vor Gott, vor vielen Menschen und vor dem Menschen, der sich unbedingt darauf verlässt.

2. Ich erinnere mich an unsere gemeinsame Zeit, an alles, was wir schon gemeinsam erlebt und geschafft haben: die Geburten unserer Kinder, Höhen und Tiefen im Beruf, die Jahre der gemeinsamen Erziehung usw. – will ich das wirklich aufs Spiel setzen? Soll das alles nichts gewesen sein? Ich weiß noch, wie ich vor Jahren im Kreißsaal dachte: Wenn man miteinander eine Geburt durchgestanden hat, dann kann man sich eigentlich doch gar nicht mehr trennen!

3. Ich versuche meine Frustrationstoleranz zu steigern: Ich weigere mich, ein vorübergehendes Tief als Dauerzustand zu betrachten. Momentan läuft es vielleicht besch...eiden, aber es wird nicht so bleiben.

4. Ich schieße mich nicht ein auf die negativen Seiten des Partners. Natürlich ist meine Frau unglaublich

schwierig – aber es gibt neben ihr noch eine zweite unglaublich schwierige Person in unserer Ehe, mit der ich klarkommen muss: ich!

5. Ich werde nicht aus bestimmten negativen Stimmungen heraus handeln und Dinge tun, die ich unter normalen Umständen bereuen würde. Also nicht: Gerade hat mich meine Frau wieder so geärgert – wenn ich mich jetzt danebenbenehme, ist sie selber schuld!

6. Ich meide Versuchungssituationen: Für manche (Männer?) sind das bestimmte Filme, Internetseiten oder Zeitschriften, für andere bestimmte Menschen, die für ihre Ehe gefährlich werden könnten: Die Frau meines Kollegen, die ich schon immer unheimlich attraktiv fand, ist vermutlich nicht meine geeignete Beraterin in der Ehekrise ...

7. Von Martin Luther ist der Satz überliefert: Du kannst nicht verhindern, dass die Vögel über deinem Kopf kreisen. Aber du kannst verhindern, dass sie darauf Nester bauen.

8. Ich versuche, an unserer Beziehung zu arbeiten. Und wenn wir merken, wir kommen allein nicht weiter, dann holen wir uns rechtzeitig Hilfe, z.B. durch eine Eheberatung.

Das alles ist nur möglich mit Disziplin. Ohne Disziplin gibt es keine Ehe. Und keine Treue. Immer nach dem Lustprinzip zu leben ist auf Dauer nicht lustig, und das überlebt keine Ehe und erst recht keine Familie.

Ehe ist auch nicht der Himmel auf Erden, ist nicht nur

das Schöne, sondern auch das Schwierige, nicht nur das Sich-aneinander-Freuen, sondern auch das Einander-Ertragen, nicht nur das Genießen, sondern auch das Leiden ...

In manchen Zeiten ist es gut zu wissen: Ehe ist *auch* – nicht nur! – eine Nutzgemeinschaft, ein Zweckbündnis, um gemeinsam das Leben zu bestehen, Kinder großzuziehen, Ehe ist auch Arbeit miteinander und aneinander etc. – es kann und es muss nicht immer optimal laufen, manchmal ist es suboptimal ...

Und wenn dann doch ein Ehepartner Grenzen überschreitet? Ich glaube, es gibt keine allgemeingültigen Ratschläge, damit umzugehen. Ob es noch eine gemeinsame Zukunft geben kann, hängt von vielen Faktoren ab. Manche wagen noch einmal Vertrauen, andere können nicht mehr. Mehr kann ich in der Kürze dazu nicht sagen.

Zum Schluss noch ganz persönlich *mein* stärkstes Argument in Zeiten der Krise – und denken Sie nicht, die gäbe es bei uns nicht, weil meine Frau Pfarrerin ist und ich Pfarrer bin (das allein ist ja für manche Pfarrersehepaare schon ein Scheidungsgrund – das ist kein Witz!). Es ist das schlichte Vertrauen auf Gott, an dem ich mich festhalte. Ich glaube: Er hat uns zueinander geführt und uns bisher geführt – das kann nicht umsonst gewesen sein. Und Jesu Worte fallen mir ein: »Was Gott zusammengefügt hat, das soll der Mensch nicht scheiden.« (Mt 19,6)

Und auf einmal sehe ich wieder richtig. Meine Partnerin. Von Gott geschenkt. Anvertraut. Kostbar und verletzlich. Und ich weiß: So, wie es ist, ist es gut. Es könnte nie besser sein.

Gebet

Gott,
wir bitten für
alle Frauen und Männer in der Ehe:
für das Vertrauen, aneinander festzuhalten.

Wir bitten für
alle, die es gerade ganz schwer miteinander haben:
für die Kraft, treu zu sein.

Wir bitten für
alle, deren Beziehung zerbrochen ist:
für den Mut, mit ihren Verletzungen zu leben.

Wir bitten für
uns alle – ob in einer Beziehung oder ohne:
für die Bereitschaft, zu lieben.

Gestaltungstipp

- Alle, die in einer Beziehung leben, schreiben für sich auf: Wofür bin ich dankbar an meinem Partner, meiner Partnerin – und lesen es ihm/ihr später (vielleicht) vor.

- Einige Zitate von Internetseiten wie Ehebruch24.de (s. Theater) einblenden.

- Interview mit einem langjährigen Paar, das bereit ist, zwei, drei persönliche Erfahrungen weiterzugeben, was die Ehe gelingen ließ.

Lohn(t) Diebstahl?
8. Gebot

Einleitung

Es geht heute Abend nicht um Ladendiebstahl. Der Diebstahl, von dem nachher die Rede sein wird, ist viel schwieriger zu fassen. Verantwortliche sind nicht so leicht zu benennen, und den Diebstahl abzustellen gestaltet sich nicht so einfach. Aber der Schaden, der durch diesen Diebstahl entsteht, ist weitaus höher als alle Ladendiebstähle dieser Welt zusammen.

»Du sollst nicht stehlen.« (Ex 20,15)

Theater
Silvia ist bei ihrer Freundin Sibylle zum Kaffeetrinken.

Silvia: *(nippt an der Kaffeetasse)* Also, Sibylle, dein Kaffee ist wieder mal einfach super!

Sibylle: Siehst du, gut muss gar nicht teuer sein! Hab ich gestern gekauft, war bei Dödl im Sonderangebot. 50 Cent billiger die Packung ...

Silvia: Da hätte ich auch zugeschlagen. Ich muss einfach die Prospekte früher lesen, bis ich hinkomme, gibt's jedes Mal nichts mehr ...

Es klingelt an der Tür.

Sibylle: Guten Tag!

Michael: Guten Tag *(zeigt seinen Ausweis)*, ich komme vom Wirtschaftskontrolldienst. Kann ich mich bei Ihnen mal umsehen?

Sibylle: Wirtschaftskontrolldienst? Das muss ein Irrtum sein: Wir sind weder eine Gaststätte noch ein Café ...

Michael: Ich weiß. Aber die gesetzlichen Vorschriften haben sich seit dem 1. Januar geändert. Inzwischen werden auch Privathaushalte überprüft.

Sibylle: Spinnen die jetzt? Was wollen Sie denn prüfen? Ob bei mir alles sauber ist, oder wie?

Silvia: *(aus dem Hintergrund)* Das macht ihr Mann schon!

Michael: *(zieht Schreiben hervor und liest vor)* Lt. Gesetz vom 1.1.2008 beziehen sich die Befugnisse des Wirtschaftskontrolldienstes jetzt auch auf die private Wirtschaftsführung. – Wenn Sie mich nicht reinlassen, muss ich eine Durchsuchung erzwingen.

Sibylle: »Durchsuchung« – jetzt hören Sie mir aber auf! Bin ich vielleicht kriminell?!

Michael: In der Tat liegt ein entsprechender Anfangsverdacht vor ...

Sibylle: Was?! Ich glaube, ich hab mich verhört! – Also, jetzt kommen Sie mal rein, ich habe hier nichts, aber auch gar nichts – hören Sie: gar nichts! – zu verbergen ...

Michael: Danke.

Beide betreten die Wohnung.

Sibylle: Meine Freundin. Wir saßen gerade gemütlich beim Kaffeetrinken, bevor Sie uns gestört haben!

Michael: *(geht zum Tisch)* Dachte ich's mir doch ...

Sibylle: Was dachten Sie sich?

Michael: Der Kaffee ist gestohlen.

Sibylle: Was?!

Silvia: *(flüstert)* Sag mal, bist du sicher, dass der ganz *(macht kreisende Handbewegung vor dem Gesicht)* ...? Hast du dir seinen Ausweis zeigen lassen?

Sibylle: Moment mal! Ich habe diesen Kaffee gestern bei Dödl gekauft und bezahlt, die Verpackung und den Kassenzettel hab ich noch. Am besten hole ich das jetzt mal. Dann können Sie sofort sehen, dass ich alles legal erworben habe. Ich werde Ihnen helfen, ordentliche Leute anzuschwärzen – Kaffee gestohlen, ich glaub, ich bin im falschen Film! *(geht ab)*

Silvia: Sagen Sie mal, wer soll sie denn angezeigt haben?

Michael: Augenblick, das hab ich hier *(kramt in seinen Unterlagen)*. Ein gewisser Pablo ... den Nachnamen kann ich nicht aussprechen ...

Sibylle: *(kommt triumphierend mit Verpackung und Beleg zurück)* Hier – und jetzt nehmen Sie gefälligst Ihre Anschuldigung zurück!

Silvia: Kennst du einen Pablo?

Sibylle: Pablo? Nee, warum?

Silvia: Der soll dich angezeigt haben.

Michael: *(hat Verpackung und Beleg geprüft)* Ja, jetzt haben wir den sicheren Beweis: Marke, Kaufdatum. Ich muss das als Beweismittel für die Anklage mitnehmen.

Sibylle: Beweismittel, Anklage, Pablo ... ich verstehe gar nichts mehr ... *(sinkt auf den Stuhl)* ... Silvia, hilf mir doch!

Silvia: *(springt auf)* Jetzt ist aber Schluss mit dem Spektakel! Wenn Sie nicht augenblicklich erklären, was das Ganze soll, rufe ich die Polizei – dann wollen wir mal sehen, wer hier angeklagt wird! Und wer überhaupt soll dieser Pablo sein?

Michael: *(liest in den Unterlagen)* Wohnhaft in Bolivien, in ... den Namen kann ich nicht aussprechen.

Sibylle: *(verzweifelt)* Ich kenne keinen Pablo aus Bolivien, ich war dort noch nie.

Michael: Er kennt Sie ja auch nicht ...

Silvia: Ja, sind wir denn hier im Irrenhaus?! Jetzt klären Sie die Sache endlich auf!

Michael: Wie Sie wünschen. Dann lese ich Ihnen die Anklage vor: Ein gewisser Pablo ... beschuldigt alle Kaffeetrinker der Marke Prinzess, vertrieben durch die Firma Dödl, ihm seinen Lohn gestohlen zu haben.

Sibylle: Spinnt der? Wie soll ich dem seinen Lohn gestohlen haben?!

Michael: Warten Sie, hier steht's: Durch die niedrigen Preise für den Endverbraucher ist Pablo gezwungen, den von ihm angebauten Kaffee weit unter Preis zu verkaufen, sodass der Lebensunterhalt für ihn und seine Familie nicht mehr gesichert ist. Schon lange kann er seine Kinder nicht einmal mehr zur Schule schicken. Und seit kurzem sind sie von Unterernährung bedroht.

Sibylle und Silvia sehen sich an. Kurze Pause, dann Licht aus.

Predigt

Ganz schön schrill, nicht? Aber wenn es wirklich so wäre? Dass uns jemand die Kaffeetasse aus der Hand nimmt und sagt: Moment mal, das ist gestohlen!

Es gibt Leute, die sagen: So 'n Quatsch! Was geht mich das an? Da kann ich doch nichts dafür. Und ändern kann ich sowieso nichts dran.

Ich gebe zu, es kann einem schon mulmig werden, wenn man beim Gebot »Du sollst nicht stehlen!« nicht nur an Ladendiebstahl denkt, sondern an das, was bei uns auf den Tisch kommt, was wir auf dem Leib tragen, womit unsere Kinder spielen und was bei uns als Teppich in der Wohnung liegt. Wenn auf einmal die Frage im Raum steht, ob das in gewisser Weise nicht auch gestohlen ist?

Gestohlen in dem Sinn, dass Menschen um ihren Lohn geprellt worden sind. Ausgebeutet worden sind. Von Konzernen gezwungen werden, ihre Ware zu Dumpingpreisen zu verkaufen. Ihr Leben lang in Armut dahinvegetieren, nur damit wir es möglichst billig kriegen.

Ja, es wird einem mulmig, wenn man erst mal tiefer einsteigt und der Frage nachgeht, welchen Preis andere für unsere Billigpreise zahlen müssen.

Viel bequemer ist es, nicht so genau nachzufragen. Ich will ja gar nicht so genau wissen, wie das ist mit den wunderschönen Rosen aus Mittelamerika, die ich im Winter kaufe – ob da die Flugzeuge wirklich ihr Spritzmittel über den Plantagen ablassen, und unten arbeiten die Leute – und dann bringen die Arbeiterinnen missgebildete Babys zur Welt ...

Ich will gar nicht so genau wissen, wie das ist mit dem Fußball, mit dem mein Sohn kickt, wie viel sie dem sechsjährigen pakistanischen Jungen bezahlt haben, der ihn mit wunden Fingern, einem kaputten Rücken und ruinierten Augen in einer finsteren, muffigen Baracke hergestellt hat – sechzehn Stunden am Tag muss er schuften, weil ihn seine Eltern, die weniger als nichts haben, für ein paar Rupien als Arbeitssklaven verkauft haben.

Und ich will schließlich auch gar nicht so genau wissen, wie das ist mit dem Kaffee, dessen Aroma mich betört, ob der Kaffeebauer seine Kinder wirklich nicht auf die Schule schicken kann und inzwischen sogar Angst haben muss, sie nicht mehr ernähren zu können, nur weil die Unternehmen und Spekulanten ihren Gewinn damit machen.

Will ich es nicht so genau wissen, weil dann das ganze Elend dieser Welt über mich hereinbricht?

Ich mich mit verantwortlich fühle? Schuldig?

Und denke: Wie soll ich dagegen ankommen?

Und vielleicht auch: Was kann ich mir noch leisten, wenn auf einmal gerecht verteilt wird?

Ich meine allerdings: Ein bisschen helfen ist besser als gar nicht.

Ein bisschen weniger stehlen und dafür gerechten Lohn bezahlen ist besser als möglichst billig – wer sparen will um jeden Preis, muss sich klarmachen: Es ist meistens der Preis, den andere dafür zahlen!

Was ist das bessere Gefühl? Aus dem Laden zu gehen und zu denken: »Super, heute hab' ich wieder mal ziemlich was gespart«, oder zu denken: »Es ist nicht viel, aber immerhin: Dieser Kaffee, den ich gekauft habe (oder diese Bananen), ist gerecht bezahlt, und Menschen am anderen Ende dieser Erde können einigermaßen würdig leben.«

Ich stelle mir vor: Wenn ich aus dem Laden hinausgehe, stehen draußen vor der Tür in einer langen Schlange all die Menschen, die die Waren in meiner Einkaufstasche produziert haben. Wenn ich an ihnen vorübergehe – kann ich ihnen in die Augen sehen? Ich würde ihnen gern in die Augen sehen können.

Ich will heute Abend nicht auf die Tränendrüse drücken. Ich könnte Ihnen ergreifende Geschichten erzählen von Kindern auf der ganzen Welt – nicht erfunden, sondern tausendfach, ja millionenfach wahr.

Aber das will ich nicht. Ich will nur das biblische Gebot in Erinnerung rufen, das heißt: »Du sollst nicht stehlen!« Und mithelfen, dass Sie nicht aus Unwissenheit, Gedankenlosigkeit, Bequemlichkeit oder Geiz öfter zu Dieben werden, als unbedingt nötig ist.

»Du sollst nicht stehlen!« heißt: Lass dem anderen das, was er zum Leben braucht, was er sich sauer erarbeitet hat. Luchse es ihm nicht ab, nutze seine schwache Position nicht aus, indem du ihn mit deinen billigen Abnahmepreisen erpresst (wie's die großen Firmen ständig tun, weil sie das Monopol haben – im Übrigen auch bei uns in Deutschland, vgl. die gesunkenen Preise für Milchprodukte; erzwungen durch Senkung der Abnahmepreise für Milch, Betroffene: die Landwirte). Behandle ihn so, wie du selbst behandelt werden möchtest. Es wird ihm sowieso niemals so gut gehen wie dir. Aber es liegt mit an dir, ob er wie ein Mensch leben kann oder ob er ein Wurm bleiben muss, der von einem Moment zum andern zwischen den Fingern der Mächtigen zerquetscht werden kann. – Ich möchte gern mithelfen, dass Menschen nicht wie Würmer leben müssen ...

Geht es überhaupt anders?

Es gibt seit vielen Jahren sogenannte Fairtrade-Organisationen, die größte in Deutschland ist gepa. Die Skizze zeigt, wie in schlechten Jahren Fairtrade-Organisationen wesentlich höhere Abnahmepreise für Kaffee gezahlt haben. Die dunkle Farbe stellt den Weltmarktpreis dar, der stark schwankt und immer auch von Spekulationen ab-

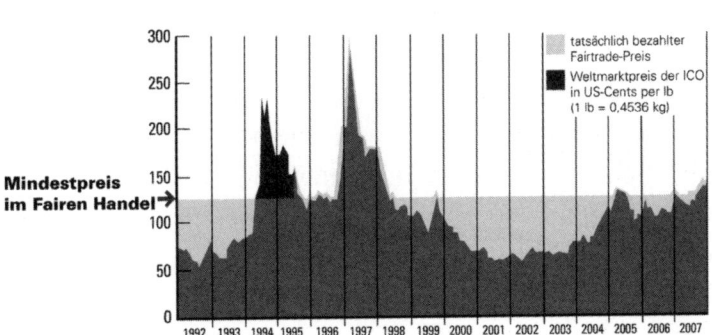

Preisentwicklung für Rohkaffee im üblichen und Fairen Handel, 1992 – 2007

Mindestpreis: 125 US-Cent/lb (engl. Pfund) = 93 Euro-Cent/500 g (Nov. 2009) ©TransFair
Quelle: www.umweltbildung-bayern.de

hängig ist. Die hellgraue Farbe steht für den Fairtrade-Preis, den Kooperativen von Kaffeebauern erhalten. Sie sehen, in manchen Jahren war dieser garantierte Abnahmepreis fast doppelt so hoch wie der Weltmarktpreis.

Es geht also sehr wohl anders! Und deshalb möchte ich Sie ermutigen, beim Einkauf nach Produkten zu suchen, die fair gehandelt sind. Es gibt heute Abend absichtlich keinen Stand, wo Sie fair gehandelten Kaffee mitnehmen können. Keine kurzfristige Gewissensberuhigung. Sondern Sie sollen sich auf den Weg machen und dort, wo Sie einkaufen, nach diesen Produkten suchen. Sodass sich langfristig etwas in Ihrem Einkaufsverhalten ändert. Achten Sie dabei auf dieses Zeichen. Wo das draufsteht,  ist Gerechtigkeit drin. Welche Läden diese Produkte führen, erfahren Sie auf einem Flyer (von transfair), den Sie am Ausgang mitnehmen können. Es werden immer mehr und sind längst nicht mehr nur die Eine-Welt-Läden oder der Versandhandel. Inzwischen können Sie auch bei Edeka, Penny, Lidl und Aldi Fairtrade-Produkte kaufen.

Letzten Endes entscheiden immer wir Verbraucherinnen und Verbraucher. Was wir kaufen, geht, was wir liegen lassen, fliegt aus dem Sortiment. So einfach ist das.

Als Kirchengemeinde beteiligen wir uns an der EKD-weiten Initiative »1000 Kirchengemeinden trinken fair« und haben einen entsprechenden Beschluss gefasst: Im Gemeindehaus wird nur noch fair gehandelter Kaffee verbraucht. Aber das ist von der Menge her ein Klacks, wenn ich die Privathaushalte anschaue. Sieben Kilo Kaffee werden pro Kopf jährlich in Deutschland gekauft: Welche Summe kommt da allein bei uns heraus, die wir diesen Gottesdienst besuchen?! Mehr als eine dreiviertel Tonne! Stellen Sie sich vor, das alles wäre künftig nur noch fairer Kaffee – das wäre doch schon was, oder?!

Deshalb nehmen Sie Ihre Verantwortung wahr! Fragen Sie im Laden nach – das muss man manchmal; obendrein ist es sinnvoll, weil es zur Bewusstseinsbildung der Unternehmen beiträgt. Bislang, so habe ich gelesen, liegt der Umsatzanteil von fair gehandeltem Kaffee in unserem Land bei 1 % – Sie können mithelfen, dass er steigt!

Natürlich sind die fair gehandelten Waren teurer. Ein Pfund Kaffee bekomme ich im Angebot schon unter 3,– EUR, Bio-Kaffee für 4,– EUR. Fair gehandelter Kaffee (und Bio) kostet bei einer großen Kette 5,– EUR. Höhere Preise für die Kleinbauern funktionieren nicht ohne Preissteigerung, außerdem sind die Stückkosten viel geringer. Aber je mehr Menschen diese Produkte kaufen, desto eher werden auch die Preise sinken.

Das betrifft im Übrigen nicht nur Kaffee, sondern auch Tee, Bananen, Schokolade, Reis und vieles andere mehr bis hin zu Fußbällen, Teppichen, Textilien (noch mal ein ganz anderes Thema!). Machen Sie sich auf die Suche nach der Gerechtigkeit im Einkaufsregal!

Wie hat Gott vor über 2000 Jahren zu seinem Volk gesagt, das ihm Opfer darbringen wollte? Nicht Opfer will ich, Gerechtigkeit! Daran hat sich bis heute nichts geändert!

Gebet

Am liebsten
würde ich den Kopf in den Sand stecken,
wenn ich an all das Elend denke,

an all die Verflechtungen und Verstrickungen –
und ich selbst hänge mit drin,
ob ich will oder nicht.

Gib mir die Kraft
für die kleinen Schritte,
es anders zu machen,
auszubrechen aus dem, was alle tun,
und im Namen deiner Liebe
Gerechtigkeit zu suchen.

Du hast alle Menschen geschaffen,
die reichen und die armen,
Schwestern und Brüder sind wir.
Hilf uns, auch so zu leben.
Du freust dich wie Vater und Mutter,
wenn ihre Kinder in Fairness zusammenleben.

Gestaltungstipp

- Am Ausgang einen Flyer mit den wichtigsten Fairtrade-Labels mitgeben incl. örtlicher Geschäfte, die sie vertreiben.

- Oder gleich die Gemeinde zu einem Essen mit fair gehandelten Produkten einladen.

- Ausgehend vom Gottesdienst das Thema in die Gruppen und Kreise der Gemeinde eintragen und dann – öffentlichkeitswirksam – auf fair gehandelte Produkte (z.B. Kaffee) umstellen.

Ich war's nicht
9. Gebot

Einleitung

Wer in einem Prozess ein falsches Zeugnis gegen einen Beschuldigten vorbringt, d.h. falsch aussagt, ist an dessen Verurteilung schuld. Aus diesem Zusammenhang stammt das Gebot, um das es heute geht. Im normalen Leben geht es nicht gleich um den Kopf. Trotzdem macht es viel für unser Zusammenleben aus, wie wir es mit der Wahrheit halten.

»Du sollst nicht falsch Zeugnis reden wider deinen Nächsten.« (Ex 20,16)

Theater

Der Vater sitzt am Kaffeetisch und liest Zeitung, die jugendliche Tochter kommt herein und gähnt.

Leonie: Guten Morgen ...

Michael: Wann bist du gestern Abend eigentlich nach Hause gekommen?

Leonie: Hm, ich glaube, so kurz nach zwölf.

Michael: Kurz nach zwölf?! Du wolltest wohl sagen, kurz nach zwei!

Leonie: Nein, nein, das kann überhaupt nicht sein, ich hab im Auto noch auf die Uhr gesehen, bevor wir vor der Disco abgefahren sind, da war's halb zwölf.

Michael: Sag mal, schämst du dich eigentlich gar nicht, mir so einen Bären aufzubinden? Ich hab doch genau gehört, wie kurz nach zwei ...

Leonie: ... da bin ich aufs Klo ...

Michael: *(lauter)* ... wie kurz nach zwei unten im Treppenhaus der Schirmständer umgefallen ist. Ja oder nein?!

Leonie: *(nickt)*

Michael: Leonie, wie soll ich dir vertrauen, wenn du mich anlügst? Ich kann mich doch gar nicht auf dich verlassen ... *(Telefon klingelt, Tochter geht dran)*

Leonie: Leonie Schneider ... Wer ist bitte dran? ... *(zum Vater)* Veritas und Söhne ...

Michael: *(wiegelt mit den Händen ab)*

Leonie: Mein Vater?

Michael: *(schüttelt energisch den Kopf)*

Leonie: Der ...

Michael: *(flüstert überdeutlich)* Ich bin nicht da!

Leonie: Also, mein Vater ...

Michael: *(beide Arme schräg nach oben)* Ich bin weg!

Leonie: ... ist im Schwimmbad ...

Michael: *(greift sich an den Kopf und verzieht das Gesicht)*

Leonie: *(guckt erst verständnislos)* ... mit dem Kopf voraus ins Kinderbecken gesprungen ...

Michael: *(schlägt beide Hände entsetzt vor den Kopf)*

Leonie: ... und hat jetzt eine Gehirnerschütterung.

Michael: *(sitzt konsterniert da)*

Leonie: Zwei Freikarten für das Pink-Floyd-Konzert morgen Abend? Nein, das glaube ich auch nicht. Ja, vielen Dank, ich werde ihm den Gruß ausrichten.

Michael: *(sinkt in sich zusammen)*

Leonie: *(legt Telefon ab)* Wie war das noch mit dem Lügen, Papa?

Predigt

Natürlich lügen wir nicht. Natürlich lügen wir alle. Und es gehört zur Logik der Lüge, dass sie sich tarnt, um nicht als Lüge erkannt zu werden. Die Lüge rechtfertigt sich mit einer Lüge. Wir lügen, und dabei belügen wir noch uns selbst, indem wir sagen:

- (Behauptung der Normalität) Das machen doch alle! Und was alle machen, kann so schlimm nicht sein! Am 24. Mai 2007 wurde aus Bonn eine öffentliche Beichte übertragen. Sie fand allerdings nicht in einer Kirche statt, sondern in der Telekom-Zentrale. Erik Zabel und Rolf Aldag, zwei frühere Spitzenfahrer aus dem Team T-Mobile, bekannten sich zu ihrer Doping-Vergangenheit. Aldag sagte dabei: »Man redet sich Situationen schön. Man nahm ja immer an, dass die anderen es nicht nur selbst auch tun, sondern noch mehr.«

· (Sach- und Strukturzwänge) Oder ich behaupte: Ich konnte nicht anders, ich musste. Wenn ich nicht gedopt hätte, sagt der Radprofi, hätte ich die Leistung nicht mehr bringen können und meinen Platz in der Mannschaft verloren. Dann wäre ein anderer für mich gekommen – gedopt worden wäre so oder so!

· (Bestreitung eines Schadens) Manche sagen auch: Das tut doch niemand weh! Eins meiner Kinder hat eine teure Vase hinuntergeworfen. Ich rufe meine Schwester an: Könntest du das nicht als Fall für deine Haftpflichtversicherung melden und angeben, dass es deinem Kind passiert ist? Das zahlt doch die Versicherung!

· (Bagatellisierung) Oder der Schaden wird abgeschwächt: Das ist doch nur eine Kleinigkeit! Wenn ich in der Steuererklärung bei den Fahrtkilometern mehr angebe, das fällt doch gar nicht ins Gewicht! Das sind doch nur Peanuts!

· (Falsche Liebe) Besonders »schön« ist es, Rücksichtnahme vorzuschieben: Das kann ich dem anderen nicht zumuten, das wäre herzlos! Wenn mich meine Frau fragt, wie mir ihre neue Frisur gefällt – die wäre doch am Boden zerstört, wenn ich sagen würde, dass ich die alte besser fand!

· (Relativierung) Und manche machen es ganz vornehm, indem sie fragen: Was ist überhaupt Wahrheit? Das kommt doch immer auf die Perspektive an! Die reine Wahrheit ist etwas für Heilige oder fürs Jenseits!

Jesus nennt den Teufel den »Vater der Lüge« (Joh 8,44): Unser deutsches Wort »Teufel« kommt vom griechischen Wort »diábolos«, wörtlich: der Durcheinanderwerfer. Der alles verschiebt und vermischt und vermengt, sodass ich nach einer Weile nicht mehr weiß, wo oben und unten ist, was falsch und richtig ist – das ist das Wesen der Lüge.

Zum Wesen der Lüge gehört auch, dass wir meinen, sie würde uns vor Nachteilen bewahren oder uns Vorteile verschaffen.

Wenn ich jetzt zugebe, dass ich meinen Bagger selber kaputtgemacht habe, bin ich schlechter dran, als wenn ich's meinem Bruder in die Schuhe schiebe, weiß schon das kleine Kind. Es hat Angst vor Strafe und lügt deshalb. Ermutigen wir Kinder zur Wahrheit, indem wir ihnen die Angst vor Bestrafung nehmen? Also: Du brauchst keine Angst zu haben, ehrlich zu sein, dir wird nichts passieren. Aber ich möchte die Wahrheit wissen!

Lügen, um scheinbar einen Vorteil zu haben: »Du bist drei!«, sagt die Mutter drohend zu ihrer Zweieinhalbjährigen vor der IKEA-Kinderbetreuung, die für Kinder ab drei ist – damit sie ungestört einkaufen kann.

Lügen aus Angst vor Nachteilen. Im Extremfall hängt an der Lüge die ganze Existenz eines Menschen. Lügen, damit dies alles erhalten bleibt. Der SPD-Landtagsabgeordnete und VW-Betriebsrat Hans-Jürgen Uhl ließ sich wie andere mit Bordellbesuchen und anderen sogenannten Vergünstigungen von der Konzernleitung (Peter Hartz) kaufen. Als schon 2002 entsprechende Vorwürfe laut wurden, ging er mit eidesstattlichen Erklärungen dagegen vor. Fünf Jahre später, kurz vor dem Prozess gegen ihn, sagt er: »Entschuldigen lässt sich mein Verhalten nicht, wohl aber erklären: Die Vorwürfe trafen mich während des damaligen Bundestagswahlkampfs. Ich wollte nicht die Chance verlieren, weiterhin für die Belange meines Wahlkreises und unseres Landes im Bundestag tätig zu sein.«[2] »Da habe ich fataler Weise die erste eidesstattliche Erklärung abgegeben.«[3]

Die Lüge belügt uns selbst und macht uns blind für ihre Folgen. Um nur einige zu nennen:

DAS VERSTECKSPIEL

Es gibt da etwas, was ich geheim halten muss, damit ich mich nicht verrate. Ich muss immer aufpassen, damit meine Frau die Filme nicht sieht, die ich mir heimlich ausleihe ...

DIE VERSTRICKUNG

Die Folge der Lüge ist noch mehr Lüge; die erste Lüge zieht weitere Lügen nach sich. Im Deutschen sprechen wir vom »Lügengebäude«: Eine Lüge »baut« auf der anderen auf.

Hans-Jürgen Uhl: »In der Zeit danach habe ich nicht den Mut gefunden, den Weg zu verlassen, den ich eingeschlagen hatte.«[4] Er habe das Gefühl gehabt, sich in einer

---

2 Rhein-Neckar-Zeitung 30.05.2007.
3 A.a.O. 15.06.2007.
4 A.a.O. 30.05.2007.

ausweglosen Situation zu befinden, und weitere eidesstattliche Erklärungen (insgesamt fünf) abgegeben. Auch private Gründe führt er an: »Ich hatte schlicht Angst, meine Ehefrau zu verlieren.«[5]

DIE UNUMKEHRBARKEIT (IRREVERSIBILITÄT)

Die Auswirkungen der Lüge können (manchmal) nicht rückgängig gemacht werden:

»›Der Bauer Yang schlägt seine Knechte‹, sagte der Bauer Yeng, ›das ist schlimm!‹ Bald wussten es alle Leute im Dorf. ›Wir wissen‹, sagte der Dorfälteste, ›dass Yang oft betrunken ist. Dass er auch Gewalt anwendet, wussten wir bisher nicht. Wir müssen den Knechten beistehen. Wir sind ein friedliches Dorf.‹ So sprach er. Dann ging er zum Bauern Yang und verhörte die Knechte. ›Wir sind nie von Yang geschlagen worden‹, sagten diese, ›deshalb wollen wir bei Yang bleiben. Er ist ein guter Bauer.‹ Da ging der Dorfälteste zu Yeng und stellte ihn zur Rede. ›Warum hast du die Unwahrheit über deinen Mitbauern gesagt? Nun will niemand mehr mit Yang zu tun haben.‹ – ›Ich wollte‹, antwortete Yeng, ›nichts Falsches über ihn sagen, aber es schien mir eines Tages, als ich Yang mit seinen Knechten bei der Arbeit sah, dass sich einer von ihnen vor der erhobenen Hand ihres Herrn niederduckte.‹ – ›Du hast Unrecht getan‹, sagte der Dorfälteste, ›gehe hin zum Bauern Yang und sieh, wie du die Sache bereinigst!‹ Da ging Yeng in das Haus von Yang und bat um Verzeihung. ›Die Sache soll vergessen sein‹, sagte Yang zu Yeng, ›wenn du für mich drei Dinge tust. Gehe zurück

---

5 A.a.o. 15.06.2007.

in deinen Hof, schlachte ein Huhn und bringe es mir. Auf dem Weg hierher aber rupfe ihm die Federn aus. Das Dritte erfährst du, wenn du wieder hier bist.‹ Yeng ging und tat, wie ihm geheißen [sic!] war. Bald kam er mit einem gerupften Huhn und gab es Yang. ›Und nun noch das Dritte‹, sprach dieser, ›gehe den Weg, den du gekommen bist, zurück und sammle die Federn, die du auf den Boden geworfen hast, wieder ein!‹ – ›Das ist nicht möglich‹, entgegnete Yeng, ›der Wind hat sie in alle Richtungen fortgeblasen, ich werde nur einen Teil wiederfinden.‹ – ›Du hast Recht‹, antwortete Yang, ›aber nun sage mir, ob es sich anders verhalten hat, als du die Lüge über mich ausstreutest!‹«[6]

An dieser Stelle eine kleine, aber feine Grundregel für das »Reden über andere«: Sage nur das, was du in Anwesenheit des oder der anderen auch sagen würdest.

LÜGE ZERSTÖRT BEZIEHUNGEN

Ich war das, was man ein braves Kind nennt. Aber einmal, da habe ich ein Fahrrad geklaut. Damals habe ich mir eingeredet, es nur versteckt zu haben, aber de facto war es geklaut. Dieses Fahrrad – es war ein orangefarbenes Klapprad – gehörte einem Mädchen, das zwei Straßen weiter wohnte. Vielleicht war Wut im Spiel oder eine dumpfe Ablehnung, ich weiß nicht mehr. Auf jeden Fall nahm ich das Rad, schraubte die Ventile heraus, warf sie weg und versteckte das Fahrrad in einem kleinen Waldstück, das zu unserer Straße gehörte. Als dann nach dem Fahrrad gesucht wurde, stritt ich ab, etwas davon zu wissen.

---

6 Wolfgang Bukowski u. Michael Forysch, Zwischen Tür und Angel, Göttingen 1988, 32.

Noch Jahre später habe ich das Haus, wo das Mädchen wohnte, weiträumig umgangen. Es wurde mir geradezu zur Gewohnheit, grundsätzlich einen Umweg zu machen, um bloß nicht an diesem Haus vorbeizukommen. Aus Scham und Angst ... Damals bekam ich eine Ahnung davon, welch destruktive Depotwirkung die Lüge hat.

Eigentlich gibt es etwas, was uns der Wahrheit in die Arme treiben müsste: eine innere Stimme in uns, eine Art Kontrollinstanz: unser Gewissen. Aber diese Stimme muss gehört werden. Wenn ich von klein auf diese Stimme immer wieder unterdrücke, beiseiteschiebe, wird sie immer leiser, bis ich sie irgendwann gar nicht mehr höre.

Ich befürchte, dass viele Kinder schon sehr früh daran gewöhnt werden, die innere Stimme in sich zum Schweigen zu bringen. Am Anfang findet ein Kind es noch merkwürdig, dass sich der Vater am Telefon verleugnen lässt. Was soll das – er ist doch da?! Aber jedes Mal lässt das Unbehagen ein bisschen nach. Schließlich ist es ganz normal, das so zu machen. Und am Ende übernimmt das Kind diese Verhaltensweise und überträgt sie gekonnt auf andere Bereiche, ohne noch groß darüber nachzudenken.

Es muss sich wieder herumsprechen: Die Wahrheit sagen ist attraktiver als lügen. Denn die Wahrheit hat Vorteile:

· Die Wahrheit ist schneller und weniger aufwändig. Ich muss nichts konstruieren und vertuschen: »Während ich an der Ampel wartete, flog mir eine Wespe in die Hose, weshalb ich aufs Gaspedal trat und den Wagen vor mir rammte.« – »Ein gefrorenes Eichhörnchen fiel aus dem Baum und durchschlug meine Windschutzscheibe.« – »Eine Herde von Kühen hat mein Auto abgeleckt und so den Lackschaden verursacht.«[7]

- Die Wahrheit erzeugt langfristig weniger Probleme. Möglicherweise habe ich zwar sofort ein Problem am Hals, wenn ich nicht lüge, ansonsten später – und dann ein großes!

- Die Wahrheit ist beziehungsfördernd: Wir müssen uns auseinandersetzen, statt Konflikte zu verdrängen; das ist zwar mühsam, aber langfristig sichern wir so unsere Beziehungen.

- Die Wahrheit schafft Vertrauen und Verlässlichkeit. Ich muss weniger Angst haben, beschissen zu werden, es gibt weniger Augengeschädigte, weil das Kleingedruckte wegfällt, etc.

- Warum also nicht der Wahrheit den Vorzug geben? Nach dem Prinzip der Goldenen Regel: Behandle andere so, wie du selbst behandelt werden möchtest!

Zum Schluss noch ein paar Kontrollfragen für die nächsten fünf Minuten – wenn Sie etwas davon betrifft, möchte ich Sie ermutigen: Setzen Sie sich damit auseinander und versuchen Sie es in Ordnung zu bringen: mit Gott, mit dem Menschen, der davon betroffen ist, und mit sich selbst ...

- Bin ich bei Verkaufs- und Finanzgeschäften ehrlich? Z.B. wenn ich mein Auto verkaufe: Gebe ich einen Schaden an?

- Bin ich in der Firma, im Betrieb korrekt bei Spesenabrechnungen oder Ähnlichem? Lasse ich Kleinigkeiten mitgehen?

---

7 Alle Zitate aus dem Internet.

- Setze ich ein häusliches Arbeitszimmer von der Steuer ab, obwohl ich gar keins habe?
- Beteilige ich mich an Tratsch und Klatsch? Erzähle ich weiter, was ich von anderen gehört habe, ohne den Wahrheitsgehalt zu überprüfen?
- Lasse ich mich am Telefon oder an der Haustür verleugnen, aus Bequemlichkeit oder um Konflikten aus dem Weg zu gehen?
- Habe ich mich daran gewöhnt, vor meinem Partner manches geheim zu halten oder bestimmte Dinge nur hinter seinem Rücken zu tun?

»Ich habe gelogen und abgestritten, es tut mir leid«, sagte Erik Zabel in jener Pressekonferenz. Es war ihm dabei nicht nur die Scham abzuspüren, sondern auch die Befreiung.[8]

Gebet

Du kennst uns besser als wir selbst,
du, unser Gott,
und du weißt am besten,
was hinter unseren Lügen steht
an Ängsten und Befürchtungen,
an Konfliktvermeidungsstrategie und und und.
Und wir merken selbst,
dass es uns nicht guttut.

---

8 Dass Zabel wesentlich umfangreicher gedopt war als damals zugegeben, hat er erst sechs Jahre später eingeräumt (Rhein-Neckar-Zeitung 29.07.2013, 18). Insofern war wohl auch ein Stück Schauspielkunst am Werk …

Deine Wahrheit soll uns frei machen,
zusammen mit ihrer Zwillingsschwester, der Liebe,
dass wir treu und zuverlässig sein können,
genau so,
wie wir uns andere wünschen
und wie wir selbst auch sein wollen.

Gestaltungstipp

- Die irrsten tatsächlichen Lügen sammeln und präsentieren.

- Bibeltexte: Ps 139; Joh 8,31f.

- Ein anderer oder zusätzlicher Aspekt wäre die Frage nach gesellschaftlichen Lügen.

Unvergleichlich
10. Gebot

Einleitung

Dass der Mensch immer mehr will, als er hat, ist eine Binsenweisheit. Dass viel Geld glücklich macht, würden vermutlich auch die meisten unterschreiben. Und Millionen von Deutschen legen es darauf an, reich zu werden: Würden sie sonst Lotto spielen?

Das zehnte und letzte Gebot heißt:
>*»Du sollst nicht begehren deines Nächsten Haus. Du sollst nicht begehren deines Nächsten Weib, Knecht, Magd, Rind, Esel, noch alles, was dein Nächster hat.«*
>*(Ex 20,17)*

Theater

Ehepaar am Samstagmorgen. Sie sitzt schon beim Frühstück, er kommt gähnend an den Tisch.

Nicole: Na, wie war's gestern beim Klassentreffen?

Michael: *(setzt sich, gähnt)*

Nicole: So langweilig?

Michael: *(mühsam)* Nein, so spät ...

Nicole: Ich würde eher sagen, ziemlich früh ... aber

wenn's dir gutgetan hat ...

Michael: *(starrt vor sich hin)*

Nicole: Was ist denn los mit dir? Hat dir deine Jugend-
freundin schöne Augen gemacht, oder warum
guckst du so?

Michael: *(Pause)* Findest du, dass ich es zu etwas gebracht habe?

Nicole: Wie bitte?

Michael: Findest du, dass ich etwas aus mir gemacht
habe?

Nicole: *(mustert ihn liebevoll)* Für mich bist du auch
nach 14 Jahren Ehe immer noch der schönste
Mann – auch wenn du mir ausgeschlafen natürlich besser gefällst ...

Michael: Nein, du verstehst mich nicht. Ich meine etwas
anderes. Würdest du sagen, dass ich aus meinem
Leben etwas gemacht habe?

Nicole: Sowas Tiefschürfendes zum Frühstück? Ist jetzt
über Nacht die Midlife-Crisis hereingebrochen,
oder was?

Michael: Kam mir eben, als ich gestern Abend Udo getroffen habe ...

Nicole: Udo – ist das der mit der Computerfirma?

Michael: *(nickt)*

Nicole: Ja und?

Michael: Der hat eben Erfolg. Vor vier Jahren seinen Job
gekündigt, eine eigene Firma aufgemacht, inzwischen beschäftigt er zwölf Leute ... macht

Knete satt, hat sich ein Riesenhaus gebaut ...

Nicole: Und was hat das mit dir zu tun?

Michael: Kapierst du denn gar nicht? Ich hab verglichen, wie's bei mir läuft. Ich bin immer noch in der Firma, in der ich gelernt habe. Ohne Aussicht auf Aufstieg. Und die Raten für unsere Eigentumswohnung stottern wir gerade so ab. Letztes Jahr, mit der hohen Ölrechnung, musste sogar der Urlaub dran glauben ... *(schaut vor sich hin)*

Nicole: Sag mal, eigentlich bist du gestern Abend doch ganz gut gelaunt losgezogen ...

Michael: Wenn ich den sehe, komme ich mir wie der letzte Versager vor ... und dann lässt er das auch noch raushängen, nicht ganz platt, aber genau so, dass du merkst: Der hat's geschafft! Der steht oben!

Nicole: Bisher warst du immer zufrieden ...

Michael: ... ich hätte mich damals auch auf eigene Füße stellen sollen ...

Nicole: Red doch nicht so einen Käse! Hättest du was mit Computern gemacht, hätten wir jetzt vielleicht auch ein Riesenhaus ... ja und? Wir leben auch so!

Michael: Ich bin einfach ein Loser ...

Nicole: Ich will dir sagen, was du bist: Du bist einfach undankbar! Wir haben zwei gesunde Kinder, wir sind gesund, wir haben jeden Tag zu essen und eine schöne Wohnung, und du hast nichts

Besseres zu tun, als dich mit so einem Neu-
reichen zu vergleichen – übermorgen ist der
vielleicht schon wieder pleite! Aber eigentlich
kann ich ja noch froh sein ...

Michael: *(gequält)* Warum das jetzt?

Nicole: Na ja, solange du diesen Udo nicht auch noch
um seine Frau beneidest ...

Predigt

Nicht die äußeren Verhältnisse entscheiden primär über Glück
und Zufriedenheit, sondern die innere Einstellung (Vertrauen).
Kurz vor Weihnachten 2002 lagen im US-Jackpot 315
Millionen Dollar. Das sind ungefähr 215 Millionen Euro.
Das Lottofieber hatte die ganze Nation gepackt, Millionen
füllten ihre Scheine aus und gaben ihre Tipps ab, aber der
Jackpot ging nur an einen einzigen: An Jack Whittaker,
55, aus West Virginia. Ein Foto zeigt ihn mit schwarzem
Cowboyhut, schwarzer Lederjacke und zahnlosem Grin-
sen. Nach Abzug der Steuern blieben ihm noch mehr als
113 Millionen Dollar – bis heute in den USA der größte
Einzelgewinn.

Ein paar Jahre später sagte er zu einem Journalisten:
»Ich wünschte, ich hätte das Los zerrissen.« – Noch am
Morgen nach der Ziehung war Whittaker zu der Tankstelle
gefahren, bei der er das Los gekauft hatte, und hatte Hun-
dert-Dollar-Scheine verteilt. Später schenkte er dem Angestellten, der ihm das Los verkauft hatte, ein Haus. Auch
die Frau am Frühstückstresen, die morgens immer seine
Brötchen geschmiert hatte, bekam ein Haus. Er gründete

eine wohltätige Stiftung. Er blieb in Putnam County, wo er aufgewachsen war. Er investierte in seine Firma, die Wasser- und Abwasserleitungen verlegt, zahlte bessere Löhne, stellte mehr Leute ein. Jack Whittaker gab gern.

Aber auch das andere kam dazu: Mit 55 Jahren, nicht bei bester Gesundheit, wollte er nochmal Vollgas geben, sich etwas gönnen. Besuche in Strip-Bars und anderen Lokalitäten folgten. Schon drei Monate später gingen die ersten Klagen von weiblichen Angestellten eines Spielcasinos ein, die er unsittlich berührt haben soll. Er fuhr weiter mit dicken Geldkoffern herum, wurde beklaut, und die Polizei fand ihn immer mal wieder betrunken im Straßengraben.

Noch mehr als sein eigenes Leben geriet jedoch das seiner Enkeltochter aus den Fugen. Das Mädchen, damals 15 Jahre alt, bekam 2000 Dollar Taschengeld pro Woche, vier Autos. Ihr Zimmer glich dem einer Prinzessin. Aber sie musste die Schule verlassen, weil der Opa sich um ihre Sicherheit sorgte. Sie verlor alte Freunde und kaufte sich neue. Alkohol und Drogen kamen dazu. Erst setzte sich ein Freund in ihrem Zimmer den goldenen Schuss. Dann, fast genau zwei Jahre nach dem Lottogewinn, fand man ihre Leiche hinter dem Haus eines anderen Freundes, eingewickelt in eine Plastikplane. Drogen.

Ehefrau Jewell hat Jack Whittaker wegen der ewigen Frauengeschichten inzwischen verlassen, Tochter Ginger kämpft gegen eine bösartige Lymphknotengeschwulst, die Leute in seinem Ort wollen nichts mehr mit ihm zu tun haben. Wie viel vom Lottogewinn noch übrig ist, weiß vielleicht nicht einmal er selbst.

Heute ist Whittaker ein einsamer, verbitterter Mann, der sich selbst nicht ausstehen kann. »Ich mag Jack Whittaker nicht«, klagt er in einem Interview, »ich mag nicht das harte Herz, das ich bekam. Ich mag nicht, was aus mir wurde.«[9]

Eigentlich hätte Jack Whittaker glücklich sein müssen. Zumindest wenn es nach der herrschenden Meinung geht: Wenn du viel hast, wirst du glücklich. Wenn du es dir gut gehen lassen kannst, bist du zu beneiden. Eigentlich müssten auch die vielen Promis glücklich sein, Britney Spears, Robbie Williams und wie sie alle heißen: Sie sind reich, sie sind berühmt, sie haben Erfolg. Aber wenn man die Zeitungen liest, hat man nicht den Eindruck, dass sie glücklicher sind als wir – im Gegenteil!

Haben Sie schon mal das Gefühl erlebt, dass Sie etwas unbedingt wollten, sich darauf lange gefreut haben und es dann schließlich bekamen? Und dann saßen Sie im neuen Auto und dachten: Ach, wie bin ich jetzt so glücklich! Aber merkwürdig: So richtig glücklich waren Sie eigentlich gar nicht. Verrückt, oder?! Sie hatten genau das, was Sie sich die ganze Zeit gewünscht hatten, aber irgendwie war da so ein schales Gefühl, so eine Leere, und Sie wussten in dem Augenblick genau: Irgendwie ist es das nicht, wonach ich mich gesehnt habe.

»Du sollst nicht begehren deines Nächsten Haus. Du sollst nicht begehren deines Nächsten Frau, Knecht, Magd, Rind, Esel noch alles, was dein Nächster hat.«

Zeichnung an der Flipchart zum folgenden Text
Dieser Mensch in der Mitte – das sind Sie oder ich ... (Mensch)

9 Badische Zeitung Online 04.12.2007.

Um ihn herum seine Frau, seine Kinder, sein Haus,
Auto, und sein Gehalt (werden gezeichnet)

Und dieser Mensch denkt:

Wenn ich mehr Geld verdienen würde, wäre ich zu-
friedener. (Münzen durchstreichen, Geldschein)

Wenn ich ein größeres Haus hätte, dann wäre alles
in Ordnung. (größeres Haus)

Wenn ich eine andere Frau hätte, wäre ich glück-
licher. (andere Frau)

Wenn meine Kinder begabter wären, ginge es mir
besser. (Zeugnis mit Einsern)

Wenn ich ein größeres Auto hätte, würde ich mich
wohlfühlen. (größeres Auto)

Dieser Mensch in der Mitte schaut immer nur auf das, was um ihn herum ist. Wenn sich nur etwas an diesen äußeren Umständen ändern würde, dann wäre er glücklich. In Wahrheit liegt der Schlüssel zum Glück bei ihm selbst. *(Mensch einkreisen)* Wenn sich seine innere Einstellung ändern würde *(Herz)*, dann könnte er glücklich sein. Solange sich an dieser Stelle nichts ändert, bleibt er unzufrieden, selbst wenn sich um ihn herum alles nach seinen Wünschen verändert.

Ausschlaggebend ist die innere Einstellung. Dann können Menschen sogar unter ziemlich belastenden Umständen glücklich sein.

Ein alter Mann aus unserer Gemeinde hat sich nach einer schweren Operation wieder aufgerappelt. Niemand hat geglaubt, dass er noch einmal würde laufen können, aber er hat es geschafft. Wenn das Wetter es zulässt, dreht er jeden Tag seine Runde. Er geht an Krücken, langsam und ganz vorsichtig. »Ich könnte noch dies und jenes machen«, sagt er, »aber es geht eben nicht mehr.« Er hat akzeptiert, dass vieles nicht mehr werden wird, aber er ist dankbar für das, was er unter Mühen wieder erreicht hat. Und er freut sich an den Begegnungen mit Menschen, die er unterwegs trifft.

Tiefendimension: Neues Vertrauen zu Gott statt Misstrauen

Wenn ich neidisch bin, habe ich eine doppelte Aggression in mir:

- gegen meinen Nächsten, der das hat, was ich gern haben würde;
- gegen Gott, der mir das geben könnte, was ich gern haben möchte, und einfach nicht gibt!

Diese destruktiven Kräfte werde ich nur los, wenn ich meine eigenen Ziele aus der Hand gebe und mein Leben Gott anvertraue: Vielleicht hat Gott mit mir ja etwas ganz anderes vor als das, was ich mir in den Kopf gesetzt habe.

Ich glaube, wir stellen uns Gott oft wie einen Schalterbeamten der Deutschen Bahn vor. Ich gehe an den Schalter, lege mein Geld hin (meine Bitten, meine Wünsche, meine Leistungen) und bekomme von ihm eine Fahrkarte für das Ziel, das ich ausgesucht habe. Ich glaube viel eher, Gott sitzt im Stellwerk und stellt die Weichen, und ich sitze in einem Zug, von dem ich noch gar nicht weiß, wohin er geht. Und statt mich in meinen eigenen Fahrplan zu verbeißen und wahnsinnig darüber zu werden, dass der Zug in eine ganz andere Richtung geht, als ich gebucht habe, sollte ich eher aus dem Fenster schauen und darauf achten, wohin der Zug fährt.

Und dann geht es auf einmal nicht mehr darum, Phantasien nach einer neuen Partnerin zu entwickeln, sondern meine Frau, der ich Treue versprochen habe, in vielen kleinen Schritten wiederzugewinnen und sie neu zu entdecken. Oder es geht nicht mehr darum, meine Kinder gewaltsam nach meinen Wunschvorstellungen umzubiegen, sondern zu lernen, sie anzunehmen mit ihren Stärken, und mich darüber zu freuen. Und so fort.

Nutze deine gottgegebenen Möglichkeiten und reife mit deinen Herausforderungen!

Das Gebot »Du sollst nicht begehren« heißt nicht: immer hübsch klein bleiben, nur nicht hochkommen. Sondern: Strecke dich nach dem, was Gott in dich hineingelegt hat, wirtschafte mit deinen Talenten, ringe auch darum – aber *das* soll dein Maßstab sein, nicht das, was Gott in andere hineingelegt oder ihnen gegeben hat, sondern was er *dir* gegeben hat.

Einer meiner ehemaligen Konfirmanden war schulisch immer recht schwach und musste schließlich in die Förderschule wechseln. Hoffentlich schafft er es, dachte ich ab und zu. Dann habe ich ihn einige Jahre nicht gesehen. Neulich habe ich gehört, er hat seinen Abschluss gemacht und Kfz-Mechaniker gelernt. Inzwischen hat er eine Freundin und wird wahrscheinlich bald heiraten – er hat seinen Weg gemacht!

Viele Menschen machen aus ihren Talenten das Beste.

Und es sind oft immense Leistungen, die sie im Stillen vollbringen, unbemerkt und leider allzu häufig im Schatten derer, die viel mehr mitbekommen haben. Dabei ist ihre Leistung mindestens genauso groß.

Als Gott uns schuf, hat er uns alle un-vergleich-lich geschaffen – als Unikate:

- Dem einen hat er Schaffenskraft gegeben,
- einem anderen die Kraft zu integrieren,
- der einen hat er intellektuelle Begabung gegeben,
- einer anderen die Begabung, zuzuhören und zu trösten.
- Dem einen hat er die Kraft gegeben, alles positiv zu sehen,
- einem anderen, Leid auszuhalten und zu tragen.
- Der einen hat er die Kraft gegeben, Menschen zu führen,
- einer anderen die Kraft, für andere da zu sein.

Gott hat dich und mich unvergleichlich geschaffen. Und so, wie wir sind, sollen wir leben. Nicht irgendwann. Jetzt!

Gebet

Gott,
du hast so vieles in mich hineingelegt:
ich danke dir für meine Begabungen und Fähigkeiten,
hilf mir,

auch meine Grenzen und Beschränkungen
anzunehmen.
Du hast einen Plan für mein Leben.
Ich will dir vertrauen
und mich von dir führen lassen
und das Leben finden,
für das du mich bestimmt hast.

Gestaltungstipp

- Interview mit einem »normalen« Menschen, der seinen Weg gefunden hat mit seiner individuellen Begabung.

- Zeit der Stille im Gottesdienst mit der Frage: Welche Gaben hat Gott mir gegeben?

2. Teil:
Basics des Glaubens

Wer ist Dschieses?

Einleitung

Wer ist Dschieses? Haben Sie erkannt, wer sich hinter »Dschieses« verbirgt? Jesus – genau. Eine ungewohnte Schreibweise. So ungewohnt wie einige Gedanken, die Sie heute zu Jesus hören werden. Wir im Team meinen, dass es Jesus gefallen würde. Denn er war immer gut für ungewöhnliche Dinge. Und wir glauben sogar, er ist heute noch gut dafür. Lassen Sie sich überraschen!

Theater

Sie sitzt vor dem Laptop, er kommt dazu.
(Dazu werden Fotos von Hugh Jackman eingeblendet.)

Michael: Wo bist *du* denn gerade?

Sibylle: Ich google gerade jemand ...

Michael: Deinen Traummann, schätze ich, oder?

Sibylle: *(tippt weiter)*

Michael: *(guckt ihr über die Schulter)* Sexiest man alive ... das macht schon was her! Wie viele Einträge hat er denn, dein Hugh Jackman?

Sibylle: Warte mal ... sechzehn Millionen achthunderttausend.

Michael: So viele Frauen gibt's auf der Welt?

Sibylle: Jetzt sei nicht albern, du weißt doch, dass ich dich für niemand eintauschen würde.

Michael: Wär' auch ein bisschen ungemütlich, mit den Stahlkrallen aus dem Wolverine-Film ...

Sibylle: Aber gut sieht er trotzdem aus ... da müsstest du noch ein bisschen zulegen.

Michael: Von mir aus. Dann stelle ich meinen Wecker künftig auch auf halb vier morgens.

Sibylle: Wie bitte?!

Michael: Wusstest du nicht, dass Hugh Jackman ein ganzes Jahr gebraucht hat, um seinen Körper für diesen Film zu stylen? Jeden Morgen musste er um halb vier aufstehen und Proteine futtern – so 'ne spezielle Diät. Also?

Sibylle: Ähm – nein, dann lieber doch nicht. *(schaut auf den Laptop)* Außerdem: Das wollte ich gar nicht, dass dich alle so im Internet anstarren.

Michael: Und mich fragt mal wieder keiner ...

Sibylle: Mir bricht das Herz. Du musst ja eine schreckliche Frau haben. *(klappt Laptop zu, steht auf, umarmt Michael)*

Michael: Ich werde es ihr bei Gelegenheit sagen – wenn ich zu Wort komme ...

Predigt

Wenn es am 15. Nisan des Jahres 30 schon Google Earth gegeben hätte, hätten wir eine winzige Weltkugel in einem riesigen Universum gesehen.

Und wenn wir dann immer näher gezoomt hätten, auf den Nahen Osten, dann wäre irgendwann Jerusalem ins Bild gekommen, und außerhalb der Stadt ein Schutthaufen.

Und wenn wir noch näher herangezoomt hätten, hätten wir von oben einen Strich von ca. 2,50 m Länge gesehen mit etwas Winzigem dran.

Und wenn wir schließlich ganz nah hätten drangehen können (wie die richtig guten Spionagesatelliten), hätten wir einen T-förmigen Balken erkannt mit einem Menschen dran ...

Wer ist Dschieses? Dschieses – oder Jesus – ist ein winziger Punkt im Universum. Angenommen, seit Beginn der Menschheit hätten durch die Zeiten 400 Milliarden Menschen gelebt: Dann wäre Jesus nur ein einziger von ihnen. Ein »Milliardstelmensch«[10] sozusagen. Jesus ist winzig.

Dazu kommt: Er hat keine Schriften hinterlassen, kein Bauwerk, kein Musikstück, kein Gemälde, keine Skulptur, kein sonstiges Kunstwerk ...

Vor Kurzem wurde die »schwäbische Venus« der Öffentlichkeit vorgestellt, eine kleine Schnitzerei aus Mammut-Elfenbein. Sie wurde in einer Tropfsteinhöhle gefunden. Ihr Alter wird auf 40.000 Jahre geschätzt, und sie gilt als derzeit ältestes Kunstwerk der Welt. Von Jesus ist nichts erhalten. Allenfalls das Leinentuch, in dem er bestattet wurde – das »Turiner Grabtuch« –, aber auch darüber streitet sich die Forschung.

Wer ist Dschieses? Ein winziger Punkt im Universum – und ein nackter Mensch.

Als Jesus am Kreuz hängt, hat das Hinrichtungskommando schon seine Kleider unter sich ausgewürfelt.

---

10 Gottfried Bachl, Der schwierige Jesus, Innsbruck, Wien 1994, 20.

Darüber hinaus hat er nichts. Nackt ist er allen Blicken ausgeliefert. Nackt und schutzlos. Seine Freunde haben ihn im Stich gelassen, nur das »schwache Geschlecht« ist stark geblieben und steht ein Stück entfernt.

Wer ist Dschieses? Ein winziger Punkt im Universum, ein nackter Mensch – und ein hässlicher Sterbender.

Sein Rücken ist von der Geißel zerfetzt, die Stacheln vom Dornenkranz bohren sich in seinen Schädel, er ringt nach Atem, weil er so aufgehängt keine Luft mehr bekommt und elend ersticken muss, Schweiß, Blut, Schleim, Tränen, Urin und was sonst noch alles ... kein schöner Anblick, sondern abstoßend.

Dschieses und Jackman – was für ein Gegensatz!

Aber wenn ich die beiden Namen in eine Suchmaschine eingebe, dann finde ich 17 Millionen Einträge für Hugh Jackman und 190 Millionen für Jesus.

Was löst die Faszination aus? Jesus ist seit fast 2000 Jahren tot. Warum ist das Interesse für den winzigen, nackten und hässlichen Jesus immer noch größer als für den sexiest man alive?

Sind es seine Worte und Reden, seine Gleichnisse und Streitgespräche? Sind es seine Taten? Seine Heilungen und Wunder? Oder ist es sein Tod?

Das alles reicht nicht. Jesus wäre längst im Dunkel der Weltgeschichte untergegangen. Es gibt einen grundlegenden Unterschied zu allen anderen historischen Personen: Jesus lebt. Seine Auferstehung unterscheidet ihn von allen anderen Personen der Weltgeschichte: Sie haben vielleicht große oder schreckliche Taten vollbracht, Seiten im Geschichtsbuch gefüllt – aber sie sind tot! Jesus ist nicht tot. Er lebt.

Ohne Auferstehung wäre das alles anders: Es gäbe keinen christlichen Glauben und keine Kirche. Ohne Auferstehung säßen wir heute nicht hier, weil alles ganz anders gekommen wäre.

Aber *wenn* Jesus lebendig ist, dann heißt das:
Während ich hier stehe, sieht er mich.
Während ich hier rede, hört er mich.
Gottfried Bachl, katholischer Professor an der Universität Salzburg, beginnt einen Vortrag über Jesus so: »Nicht nur Sie, das Publikum, hören mir zu ... Der, von dem wir reden, hört selbst zu.«[11]
Ich gebe zu: Es ist nicht ganz einfach, sich das vorzustellen: Jesus sieht zu – Jesus hört zu.

Ja. Und wie?
Ich möchte lieber damit beginnen, wie Jesus *nicht* zusieht und wie er *nicht* zuhört.

Nicht als Big Brother. Als Aufpasser. Als himmlischer Detektiv. »Pass auf, wenn ich weg bin, der liebe Gott sieht alles.«
Jesus sieht und hört heute genauso, wie er damals Menschen gesehen und gehört hat.

· Z.B. Kinder: Die galten als nicht vollwertig. Jesus lässt sie zu sich kommen, wendet sich ihnen zu, nimmt sich Zeit für sie, spielt mit ihnen, segnet sie. Jesus sieht alle, die von ihrer Umgebung nicht für voll genommen werden, die als defizitär gelten und nichts zu melden haben. Jesus sieht sie und hört sie.

· Z.B. Frauen: Keine Frau durfte damals zuhören, wenn ein religiöser Lehrer sprach. Jesus hat zwei Freun-

---

11 Ebd. 9.

dinnen, Maria und Martha aus Bethanien bei Jerusalem. Sie hören ihm zu wie die Männer, und einige Frauen sind sogar in seinem Gefolge: Johanna, Susanna und andere. Jesus sieht alle, die benachteiligt sind, die auf eine bestimmte Rolle festgelegt sind, in sie eingesperrt sind, die nicht so sein dürfen, wie sie wollen. Jesus sieht sie und hört sie.

· Z.B. kranke und behinderte Menschen: In Jericho sitzt ein blinder Bettler am Straßenrand und ruft Jesus um Erbarmen an. Jesus lässt sich stören, bleibt stehen, ruft ihn und geht auf seine Bedürfnisse ein. Jesus sieht alle, die zum Schweigen gebracht werden, die niemand hört, die übersehen werden und denen niemand noch etwas zutraut. Jesus sieht sie und hört sie.

So wie Jesus diese Menschen gesehen und gehört hat, so sieht und hört er auch heute Menschen, auch uns.

Ich kann mir gar nicht vorstellen, wie es wäre, wenn ich mir nicht immer wieder klarmachen könnte: Jesus ist da. Er sieht mich und hört mich.

· Auch wenn ich ganz allein bin, ist Jesus da.

· Auch wenn ich ganz am Boden bin, ist er da.

· Auch wenn ich alle Hoffnung aufgegeben habe, ist Jesus immer noch da.

Ich möchte Sie bitten, zumindest an eine Situation der letzten Woche zu denken:

· Wo es Ihnen besonders gut ging, z.B. weil Sie sich

über etwas gefreut haben: Was bedeutet es für Sie, dass Jesus in diesem Augenblick da war?

- Oder Sie denken an eine Situation, wo es schwierig war, weil es Streit gab: Was bedeutet es, dass Jesus in dieser Situation da war und Sie darin gesehen hat?

- Oder ein ganz banaler Augenblick in der letzten Woche: Was bedeutet es, dass Jesus mit dabei war?

- Und was bedeutet es, wenn Sie das nächste Mal diese Situation erleben?

Stille

Gebet

Jesus Christus,
du bist da.
Du siehst mich, du hörst mich.
Jeden Tag will ich mir das klarmachen.
Danke, dass du so gut zu mir bist.

Gestaltungstipp

- Jesusdarstellungen aus verschiedenen Kulturen und Zeiten zu Beginn des Gottesdienstes einblenden.

- Die »Mabel-Geschichte« einspielen, aus: John Ortberg, Das Leben, nach dem du dich sehnst, DVD, Asslar 2005, Einheit 6, Beginn bei 08:00 min. Laufzeit.

Leben satt

Einleitung

Leben wollen ja alle. So richtig leben, Leben satt eben. Aber wie geht das? Was muss ich haben, um so leben zu können, dass es nicht einfach irgendein Leben ist? Und was muss ich dafür tun? Muss ich überhaupt etwas tun, oder reicht es nicht, einfach mehr Möglichkeiten zu haben? Mehr Zeit, mehr Geld, mehr attraktive Leute um mich herum ...?

Theater

Zwei Freundinnen beim Kaffee.

Sabine: Na, du bist ja richtig braun geworden im Urlaub! War gut, die Woche, ja?

Sibylle: Joaoaoa ...

Sabine: Klingt nicht sehr überzeugend. Aber ihr wart doch in einem brandneuen Hotel, oder?

Sibylle: Ja, schon. Es hat halt alles noch ziemlich neu gerochen. Und hinter dem Schrank war auch noch nicht tapeziert!

Sabine: Hinter dem Schrank war nicht ... äh, ja ...?

Sibylle: Und weißt du, das Essen: Die hatten noch nicht mal Schnitzel mit Pommes im Angebot. Und nur drei Hauptgerichte zur Auswahl – da hätte ich mir schon etwas mehr erwartet, ganz abgesehen davon, dass trotz »all inclusive« genau *der* Cognac, den ich so gern trinke, nicht frei war – 3,50 EUR haben sie für das Glas verlangt!

Sabine: Und der Strand und das Meer?

Sibylle: Na ja, wir haben schon Besseres gesehen. Und lauter Ausländer – wir haben fast kein Deutsch gehört ...

Sabine: Ich dachte eigentlich, ihr wart im Ausland ...?

Sibylle: ... ganz besonders hatten wir uns auf den Ausflug gefreut. Aber als Gerd dann endlich das Foto von mir und dem Tempel machen wollte, war der Akku leer – schöne Bescherung!

Sabine: Aber jetzt seid ihr wieder daheim!

Sibylle: Ja, mit vier Stunden Verspätung sind wir angekommen, weil sie vor dem Rückflug erst noch neue Bremsen ins Flugzeug einbauen mussten. Mitten in der Nacht waren wir zuhause! – Und wie lief's bei dir?

Sabine: Danke, ich kann nicht klagen. In der Familie alles okay, Arbeit auch.

Sibylle: Also, wie du das sagen kannst – ich versteh das einfach nicht. Für mich wär das die Hölle auf Erden, da arbeiten zu müssen. Immer diese Alten und Dementen, die so dahinsiechen ... schrecklich! Wie schaffst du das?

Sabine: Ich weiß nicht. Ich komm morgens ins Zimmer und sage »Guten Morgen«, und sie strahlen mich an. Und dann geht es los: waschen, eincremen, anziehen, füttern – eben alles, was dazugehört.

Sibylle: Genau das ist es: wildfremde, runzlige, faltige Haut anfassen, cremen, ölen *(schüttelt sich)* – ich kann ja noch nicht mal meine eigenen Falten sehen ...

Sabine: Wenn ich jemand eincreme oder einreibe, dann merke ich, wie der sich total entspannt. Es tut ihm einfach gut, und da freue ich mich selber auch.

Sibylle: Also, ich frage mich trotzdem, woher du die Kraft dazu nimmst. Da gehören doch noch andere Sachen dazu: Katheter wechseln, Nachttopf, Windeln – lauter so grässliches Zeug!

Sabine: Ich sehe sie einfach als Menschen wie dich und mich.

Sibylle: Schon, aber es ist noch etwas anderes.

Sabine: Vielleicht ist es so eine Art Grundeinstellung im Kopf oder im Herzen: Ich will für andere hilfreich sein. Und ich versuche, das Positive stark zu machen.

Sibylle: Ich könnte das trotzdem nicht.

Sabine: Musst du doch auch nicht – du kannst dafür in Urlaub gehen und dich so richtig gut erholen ...

Sibylle: *(guckt etwas seltsam)*

Predigt

Das Angebot kam völlig überraschend: »Wenn Sie wollen«, sagte der Chef, »können Sie ab nächstem Monat die Zuständigkeit für alle deutschen Niederlassungen haben.« Er überlegte nicht lange: Mit dem höheren Einkommen konnten sie das Haus schneller abbezahlen und den Kindern und sich selbst etwas mehr gönnen. Seine Frau war zwar etwas skeptisch – »Dann bist du ja nur noch weg!« –, aber er redete sie mit seinen Argumenten gegen die Wand.

Der neue Job war super, mehr Verantwortung, mehr zu melden, aber auch – mehr ... Arbeit. Und er war fast nur noch unterwegs. Er versuchte die Routen intelligent zu legen, verband immer gleich mehrere Standorte, zwischendrin dann Übernachtungen, um dann wieder freie Abende zuhause zu haben. Aber dann gab es hier Probleme und dort, und er musste außerplanmäßig fort, kam oft erst am Samstagabend heim oder musste Sonntagmittag schon wieder weg.

Die Kinder sah er kaum noch. Am Anfang fanden sie es schrecklich, weinten, wenn er früher gehen musste oder zu einer Aufführung in der Schule wieder nicht da war, obwohl er es doch versprochen hatte. Nach einer Weile hatten sie sich daran gewöhnt. Und noch etwas später fingen sie an, ihn als Fremdkörper zu empfinden. Eigentlich störte er nur, und er fand keinen Zugang mehr zu ihnen.

Wenn sich seine Frau beklagte oder ihm eine Szene machte, dass sie inzwischen alleinerziehende Mutter sei, sagte er nur hilflos: »Aber ich mache das alles doch für euch!« Dann drehte sie sich wortlos weg. Und er wusste: Sie hatte Recht. Es war nicht nur einfach für sie.

Wenn Menschen am Ende ihres Lebens zurückblicken – was bedauern sie am meisten?

Dass sie nicht öfter gelacht haben.

Dass sie nicht großzügiger gegeben haben.

Dass sie nicht mutiger gelebt haben.

Aber an erster Stelle steht der Satz:

Dass sie nicht tiefer geliebt haben.[12]

»Ich bin gekommen, damit sie das Leben und volle Genüge haben sollen.« (Joh 10,10) Das verspricht Jesus denen, die ihm folgen. »Leben satt« also.

Und er packt das, was er damit meint, in ein Gleichnis. In einem Pferch sind über Nacht mehrere Schafherden untergebracht, damit sie sicher sind vor wilden Tieren. Morgens kommen dann die Hirten, holen ihre Schafe ab und bringen sie auf die Weide.

Nur: Wie bekommen sie jetzt ihre Schafe wieder aus dem Pferch heraus, sodass sie nicht die Schafe eines anderen Bauern auf die Weide führen und die eigenen Schafe womöglich leer ausgehen? Wie funktioniert das ohne digitale Halsbänder und GPS-gestützte Schaferkennung?

Die Hirten rufen. Und die Schafe sind nicht so doof, wie sie aussehen. Sie erkennen ihren Hirten an seiner Stimme. Sie hören seine Stimme und sie kommen aus dem Pferch und folgen ihm, und ihr Hirte führt sie auf eine gute Weide, wo sie sich ihren Schafsmagen vollschlagen können.

---

12 John Ortberg, When the game is over, it all goes back in the box, Grand Rapids 2007, 102. Deutsche Ausgabe: Wenn das Spiel zu Ende ist, landet alles wieder in der Kiste, Asslar 2007.

Die Schafe – sagt Jesus – seid ihr. Und ich, ich bin der Hirte. Der gute Hirte. Die Menschen, die zu mir gehören, kennen meine Stimme. Sie achten darauf, sie hören sie, sie folgen mir, und ich gebe ihnen Leben satt – Leben im Überfluss.

Ein Schaf kommt nicht automatisch auf eine gute Weide: Es muss seinen Hirten an seiner Stimme erkennen, damit es ihm folgen kann. Denn da sind ja noch die anderen Hirten mit ihren Stimmen. Und vielleicht rufen die Hirten sogar gleichzeitig. Und der eigene Hirte hat keine so laute Stimme ...

Neben unserem Pfarrhaus ist eine Quelle. Tagsüber hören wir von der gar nichts. Nur nachts, wenn alle anderen Geräusche verstummt sind, hört man sie vor sich hin plätschern.

Jesu Stimme ist nicht die lauteste. Der gute Hirte schreit nicht. Andere haben dafür umso lautere Stimmen. Sie sagen uns, was »Leben satt« heißt und was wir alles noch brauchen – und am dringendsten brauchen wir immer die Dinge, von denen wir vorgestern noch gar nicht wussten, dass es sie überhaupt gibt: Handy, DVD-Player, Flachbildfernseher etc.

Sie vermitteln uns die Illusion: Je mehr du hast an Einkommen, Ansehen, Lebensstandard, desto reicher und besser wird dein Leben und umso glücklicher wirst du ...

Wenn man genau hinhört, gibt es manchmal sogar unter den lauten Stimmen andere zu hören: Gisele Bündchen, brasilianisches Supermodel deutscher Abstammung, hat dem Magazin »Life & Style« verraten: »Erfolg allein macht nicht glücklich. Vor fünf, sechs Jahren trank ich zu viel Rotwein, rauchte wie ein Schlot und aß den ganzen Tag Cheeseburger. Ich war so müde und habe so viel gearbeitet, dass ich fast schon taub war. Erfolgreich war ich – aber auch total unglücklich«, so die 28-Jährige. Große Unterstützung, sagt sie, habe sie während dieser Zeit durch ihre Freunde erfahren. »Sie kannten mich auch schon, als ich noch nicht erfolgreich war. Diese Leute halten mich alle auf dem Boden und passen auf mich auf.«

Es geht nicht ums Haben, sondern ums Sein. Die Jünger – die hatte Jesus damals ja vor sich – waren alles andere als reich. Und sie hatten noch das Wenige aufgegeben, das sie hatten – und denen verspricht Jesus Leben im Überfluss!

Als mein erstes Buch über die COME-Gottesdienste erschienen ist, fand ich das toll. Es hing auch einiges an Arbeit drin. Aber im Nachhinein könnte ich nicht sagen, das war für mich »Leben satt«. Dafür hat es mich nicht tief genug berührt.

Letzte Woche war ich wieder zum Gottesdienst im Altenheim. Früher musste ich mich oft überwinden, um dorthin zu gehen: Das ist manchmal heftig für Nase, Augen und Ohren. Aber seit einiger Zeit versuche ich die Gottesdienste bewusster mit den Menschen dort zu feiern – und es war am letzten Dienstag einfach nur Klasse! So viele Reaktionen, so viel Miteinander, so viele strahlende und beglückte Gesichter. Als ich hinausging, war ich richtig erfüllt und bewegt: Das war »Leben satt«!

Leben satt – es ist irgendwo um uns herum. Wir können es nicht kaufen, wir müssen es entdecken! Unsere Augen müssen neu lernen zu sehen. Die hängen oft an der Ferne, suchen irgendwo da draußen das Leben, dort irgendwo im Urlaub, dort irgendwo in der Zukunft, dort bei irgendeiner Traumfrau oder einem Traummann oder einem Traumjob oder bei Traumkindern ...

Dabei ist es hier. Mitten unter uns. Wir müssen es nur entdecken.

In meiner Jugend wurde in Illustrierten eine fabelhafte Brille angeboten, mit der man angeblich verborgene Dinge sehen konnte, z.B. wie andere Menschen unter ihrer Kleidung aussahen. Das hätte mich als Jugendlicher durchaus interessiert, ich bekam aber nie eine in die Finger ... hat jemand zufällig so ein Ding? ...

So eine Brille brauchen wir: damit wir tiefer sehen, unter die Oberfläche gehen können und das Leben entdecken, das in den Menschen um uns herum verborgen ist. Und auch in uns selbst.

Wo ist Leben verborgen, das ich noch nicht sehe? Wo kann ich etwas entdecken? Wo kann noch etwas wachsen?

»Leben satt« – nicht abseits vom Alltag, sondern mitten im Normalen. Das Normale leben, aber anders leben – das ist es! Das Leben ist dort, wo du bist – mach die Augen auf und sieh es!

Was könnte es bedeuten, Leben zu entdecken?

· Z.B. dass pubertierende Kinder nicht einfach eine Strafe Gottes sind ...

· Dass es mindestens *eine* Möglichkeit gibt, wie ich in meinem Beruf für andere hilfreich sein kann.

· Dass andere auf mich anders reagieren, wenn ich ihnen aufmerksamer und freundlicher begegne.

· Dass mir mit meinem Partner/meiner Partnerin mehr Schönes als Schwieriges gegeben ist.

Wir können unsere Lebenszeit nicht verlängern, aber wir können anders leben. Das Leben ist da, wo du bist!

Gebet

Gib uns Augen und Ohren
und ein Herz zu spüren,
dass wir das Leben finden,
nicht irgendwann,
sondern heute.
Heute bist du da,
durchdringst alles mit deiner Liebe,
bringst alles zum Leuchten –
es strömt durch uns hindurch
und wir fließen mit in deinem Lebens- und Liebesstrom.

Gestaltungstipp

• Vor dem Gottesdienst wird folgender Text eingeblendet:

> *Guten Abend und willkommen!*
>
> *Dürfen wir Sie bitten, für die Predigt auf folgende Frage zu antworten?*
> *In welchen Situationen erfahren Sie »Leben satt«, d.h. durch und durch erfülltes Leben?*
>
> *Zettel und Stifte finden Sie auf Ihrem Platz. Die Antworten werden vor Beginn des Gottesdienstes eingesammelt. Danke!*

Die Voten werden dann in den Gottesdienst eingebaut, z.B. als Dank beim Schlussgebet.

Masken

Einleitung

Sind Masken gut oder schlecht? Schwer zu sagen. Sie können leicht und spielerisch gehandhabt werden, und sie können Abgründe verdecken.

Bin ich nicht mehr ich selbst, wenn ich eine Maske aufhabe, oder brauche ich meine Maske, um ich selbst sein zu können?

Ein Thema, das unter die Haut geht.

Theater
Zwei Freundinnen sitzen beim Kaffee.

Sibylle: Und, wie war dein Wochenende?

Sabine: Gut, danke. Am Samstagabend waren wir bei dem neuen Italiener, den du mir neulich empfohlen hast – das war echt klasse!

Sibylle: D.h. ab heute eine Woche abnehmen ...

Sabine: So ungefähr ... aber es lohnt sich echt. Bernd war auch ganz begeistert.

Sibylle: Dann habt ihr ja eine richtig gute Zeit miteinander gehabt.

Sabine: Ja. Und wie war euer Hochzeitstags-Wochenende?

Sibylle: Also, das Hotel war allererste Sahne. Es hat halt nur Tag und Nacht geschneit. Aber das muss in so einem Haus ja kein Nachteil sein. Man hat viel Zeit, um wieder mal so richtig miteinander zu ...

Sabine: ... essen ...

Sibylle: Äh, ja, auch ... und zu ...

Sabine: ... baden ...

Sibylle: Ja, das haben wir auch gemacht. Und ... jedenfalls haben wir uns so richtig gut erholt. Helmut hat es nicht einmal etwas ausgemacht, dass er vor der Heimfahrt erst einmal eine halbe Stunde das Auto ausgraben musste.

Sabine: Dann war er aber wirklich gut drauf.

Sibylle: Na ja, einen Moment lang habe ich ihn etwas frustriert. Als die Fahrertür zum Vorschein kam, konnte ich mich einfach nicht beherrschen und sagte: »Du, Helmut, seit wann haben wir eigentlich ein rotes Auto?«

Sabine: Immerhin seid ihr wieder gut nach Hause gekommen.

Sibylle: Das sind wir wirklich! Aber jetzt ist Helmut wie angefressen vom Schnee. Zufällig habe ich mitgekriegt, wie er im Internet nach Iglu-Wochenenden recherchiert hat. Und in Österreich kann man Urlaub machen in einem Schnee-Hotel. Alles ganz aus Schnee und Eis. Ich weiß ja nicht, ob das so mein Ding ist: mir erst mein Hotel aus Eisblöcken bauen, bevor ich das Zimmer beziehen kann. Und dann bei null Grad

die ganze Nacht im Schlafsack verbringen ...
– wenn dann plötzlich der Fön kommt, wachst
du in einer Badewanne auf ... Allerdings habe
ich den starken Verdacht, dass er mir irgendwas in der Art zum Geburtstag schenken wird.
*(unterbricht und mustert Sabine, die die ganze
Zeit schon abwesend vor sich hin guckt)* Hörst
du mir eigentlich zu? Sabine?

Sabine: Äh, entschuldige ...

Sibylle: Du denkst wohl daran, wie du mit deinem Bernd
in so einem Riesenkuschelschlafsack liegst ...

Sabine: *(dreht den Kopf weg, damit die Freundin nicht
ihre Tränen sieht)*

Sibylle: *(dreht die Freundin zu sich her)* Was ist denn
los? Ist irgendwas nicht in Ordnung?!

Sabine: Gar nichts ist in Ordnung! *(schnieft)*

Sibylle: Jetzt sag doch ... was ist passiert?

Sabine: Bernd hat gesagt, dass er keine Zukunft mehr
mit mir sieht ...

Sibylle: Was?! – So einfach von jetzt auf nachher?

Sabine: Ach wo. Bei uns läuft es schon viel länger nicht
rund ...

Sibylle: Aber du hast nie was gesagt! Wenn man dich
hört, hat man immer das Gefühl, ihr zwei habt
die beste Beziehung, die man sich vorstellen
kann. Da werde ich immer neidisch ...

Sabine: Wir haben eigentlich gar keine Beziehung mehr
... so sieht's aus!

Sibylle: Und warum hast du nie was davon erzählt? Ich bin doch deine Freundin!

Sabine: Jetzt mach du mir auch noch Vorwürfe! *(schnieft)* Wenn ich dich höre, wie du redest: wie dich dein Helmut auf Händen trägt, wie mit den Kindern alles prima läuft und beruflich und mit eurem Haus ... ich hab einfach nicht die Kraft zu sagen, dass bei uns alles ganz anders ist ...

Sibylle: Jetzt hör aber auf! Wenn wir eins nicht sind, dann perfekt! *(überlegt)* Vielleicht tu ich manchmal ja so, weil ich's selber gut fände, wenn's so wäre. Aber es ist nicht so. Auch bei uns ist nicht alles super!

Sabine: Das kannst du leicht sagen ...

Sibylle: *(kurze Pause)* Helmut hat vor vier Wochen seine Kündigung bekommen ...

Sabine: Was?!

Sibylle: Seine Firma muss wegen der Wirtschaftskrise Stellen abbauen. Und ihn hat's getroffen ...

Sabine: Und warum erzählst du mir das nicht?

Sibylle: Ich hätte ja – aber Helmut ist noch nicht so weit. Er will versuchen, es geheim zu halten. Er schämt sich. Er hofft, bald wieder etwas zu kriegen. Bis dahin soll alles so normal wie möglich weiterlaufen ...

Sabine: Dann haben wir uns beide ...

Sibylle: ... etwas vorgespielt.

Die Freundinnen sehen sich eine Weile an, umarmen sich.

Predigt

1. WARUM TRAGEN WIR MASKEN?

... weil wir Angst haben ...

- Wenn ich zugebe, dass ich mit meiner Klasse nicht mehr klarkomme, lacht das ganze Kollegium über mich, sagt die Lehrerin.
- Wenn ich sage, was ich habe, mobben sie mich raus, sagt der Depressive.
- Wenn meine Frau mitkriegt, dass ich im Internet Pornos anschaue, verachtet sie mich, sagt der Ehemann.
- Wenn die in meiner Klasse merken, dass ich nur deshalb so cool bin, damit ich nicht über die Trennung meiner Eltern heulen muss, machen sie mich fertig, sagt der Schüler.
- Wenn ich nicht mehr so tue, als würde ich meinen Mann lieben, muss ich der bitteren Wahrheit ins Gesicht sehen, sagt die Ehefrau.

Und wovor haben Sie Angst bei dem Gedanken, Ihre Maske abzusetzen?

Oder merken Sie gar nicht, dass Sie eine tragen?

Masken wachsen langsam und verbinden sich gut mit unserer Persönlichkeit ...

... weil Masken ziemlich dick werden können

So wie eine Gipsmaske wächst, eine Schicht nach der anderen, fast unmerklich, so verschwinde ich hinter meiner Maske. Schicht für Schicht, Lage für Lage wird sie aufgebaut.

In der Ehe sieht das dann so aus:

- Ich erzähle immer weniger von mir (erste Lage),
- ich spreche nicht von meinen Ängsten (zweite Lage),
- ich spreche nicht von meiner Unzufriedenheit mit der Beziehung (noch eine Lage),
- ich sage nichts über die sich ausbreitende Leere in mir (und noch eine Lage),
- ich spreche nicht über das, was ich tue, um diese Leere zu füllen (wie viele Lagen kommen noch?).

Und die Maske wird hart, sie wird mein zweites Gesicht, mein zweites Ich und – irgendwann – vielleicht sogar mein erstes Ich. Wenn das dahinter gestorben ist.

Eigentlich möchte ich mich dem anderen Menschen mitteilen – ich möchte, dass er oder sie weiß, wie's mir geht, und mich in der Tiefe versteht, doch die Maske ist schon so dick und hart ... und doch ist es möglich!

2. HAB MUT, DEINE MASKE ABZULEGEN!

Die Maske abzulegen bringt Sympathie ...

Wenn ich meine Maske dann einmal absetze – jetzt kommt die Überraschung –, wird die Sympathie meist größer sein als die Ablehnung:

Fußball-EM 2008, Deutschland – Österreich. Es gibt einen Platzverweis für die beiden Trainer. Im Viertelfinale trifft die deutsche Mannschaft dann auf Portugal. Yogi Löw ist in eine Glaskabine unter dem Stadiondach verbannt und muss das Spiel aus der Ferne verfolgen. Da erzielt Hélder Postiga in der 87. Minute Portugals Anschlusstreffer zum 2:3. Löw hält die Spannung nicht mehr aus und zündet sich eine Zigarette an. Eine Zigarette – noch nie hat eine einzige Zigarette ein ganzes Land so bewegt wie diese – nicht mal Altbundeskanzler Helmut Schmidt hat das mit seiner Qualmerei im Fernsehen geschafft ...

Und die Reaktionen im Internet sind – abgesehen von ein paar offiziellen Beiträgen von political correctness – verständnisvoll: Klar, in solch einer Anspannung ist es ganz normal, seine Nerven zu beruhigen: »Na ja, fünf Minuten vor Ende hätte ich mir auch fast eine angesteckt, auch wenn ich nicht rauche.«

Die Mehrheit ist nicht hergefallen über Yogi Löw. Schwäche zu zeigen bringt offenbar mehr Sympathie als Ablehnung.

Wenn ich meine Maske fallen lasse, bin ich weniger allein und einsam, als wenn ich alles verstecke, und ich gebe anderen die Chance, ihre Maske abzusetzen und unvollkommen zu sein.

... oder (zunächst) Probleme

Natürlich geht es nicht immer so glatt. Manchmal entstehen auch erst mal Probleme, wenn ein anderer seine Maske abnimmt ...

Die Lehrerin, die im Kollegium sagt, dass sie mit ihrer Klasse nicht mehr klarkommt, wird vielleicht erst einmal ganz alleine dastehen. Alle werden komisch gucken, ein paar werden sagen, dass sie speziell mit dieser Klasse also überhaupt noch nie Probleme hatten etc. etc., ein Kollege, der sowieso immer alles besser weiß (wenn man seinen Unterricht anschaut, weiß man allerdings auch einiges besser), wird sie mit guten Ratschlägen überschütten, und der Rektor wird etwas murmeln, dass sie damit doch am besten mal zu ihm kommen solle. Und sie wird sich verfluchen, überhaupt nur ein einziges Wort gesagt zu haben.

Aber ein paar Tage später wird ihr eine Kollegin am Kaffeeautomaten erzählen, dass sie auch große Schwierigkeiten mit dieser Klasse hat, und von einem anderen Kollegen wird sie eine Woche später erfahren, dass er wegen eines ähnlichen Problems längere Zeit Hilfe von außen in Anspruch nehmen musste, und sie wird den Eindruck haben, eben doch nicht allein damit dazustehen, sie wird Mut bekommen, Hilfe zu suchen, und vor allem: sie wird wieder Hoffnung haben, dass sich die Situation verbessern kann.

Die Maske abzusetzen kann mich ganz schön in Probleme bringen.

Es kann mir aber auch mich selbst zurückbringen ...

Es kostet auch Kraft, ständig jemand anderes zu sein, als ich bin.

Beziehungen wachsen und werden tief, wenn wir einander teilhaben lassen an unserem Leben

Wenn ich Vertrauen wage und mich vor anderen zeige, können Beziehungen wachsen, und ich kann mich auch fallen lassen.

In den letzten Jahren haben sich in unserer Gemeinde Kleingruppen getroffen. Da waren Leute in gleicher Besetzung über einen längeren Zeitraum zusammen. Vertrauen ist gewachsen, Menschen haben einander teilhaben lassen an ihrem Leben, da ist gelacht worden, aber auch geweint, und mit der Zeit ist eine tiefe Verbundenheit entstanden – so soll christliche Gemeinde sein.

Ich habe den Traum, dass in unserer Gemeinde mehr solcher Gruppen entstehen, wo Menschen ihre Maske fallen lassen können, weil sie Vertrauen haben, weil andere da sind, die sich interessieren für sie, und wo alle wissen: Wir haben unsere Schwächen und Macken – und Gott liebt uns genau so!

Hab Mut, deine Maske aufzubehalten!

Andererseits: Es ist nicht gut, immer und überall die Maske fallen zu lassen – es kommt auf die Umgebung an.

Meine Schwiegermutter hatte eine Freikarte für ein Fußballspiel. Sie geht ins Stadion und schreit lautstark für ihren Verein – es war Nürnberg (der Verein meines Schwiegervaters – ich weiß zwar nicht, wie man als Badener dazu kommen kann, Nürnberg-Fan zu sein, aber da in meinen Adern 50 % fränkisches Blut fließt, kann ich das ja nur begrüßen) ... Meine Schwiegermutter feuert also Nürnberg an. Plötzlich baut sich ein Mann vor ihr auf: »Wannd ned soford ruisch bisch, nood schlaachi der oone noi« (auf Hochdeutsch: Wenn du nicht sofort ruhig bist, dann schlage ich dir eine rein) – leider saß sie in der falschen Kurve ...

Ich muss nicht vor jedem Menschen meine Maske abnehmen und mich outen. Masken haben auch ihr Recht, weil sie mich schützen – z.B. vor KSC-Fans ...

Außerdem interessieren sich nicht alle für mich – manche wollen gar nicht wissen, was hinter meiner Maske ist.

Sie wissen ja, wie das bei uns geht, wenn sich zwei Leute begegnen – auf der Straße oder im Geschäft:

(Gruß) »Wieeeee ...?« – *(Antwort)* »Guuuut.«

Oder andere liefern dir die Antwort gleich mit: »Und, wie geht's dir? Gut?«

Soll ich dann vielleicht sagen: »Danke, schlecht, und dir?«

In der Bibel gibt es von höchster Stelle aus ein Okay zu Masken (Gen 3). Adam und Eva im Garten Eden haben von der verbotenen Frucht gegessen, und plötzlich haben sie ihre Naivität verloren: Sie wissen jetzt, was gut und böse ist.

Die erste Erkenntnis in der frischgewonnenen Freiheit: Es ist nicht okay, dass wir Gottes Verbot ignoriert haben. Wie kleine Kinder, die etwas angestellt haben, verstecken sie sich vor Gott hinter den Bäumen. Wenn er seinen Abendspaziergang macht, soll er sie nicht finden.

Aber damit nicht genug: Sie ziehen eine Maske auf – interessanterweise nicht über den Kopf, sondern über ihre Scham. Zum ersten Mal haben sie sich in ihrer Zerbrochenheit wahrgenommen – und schämen sich.

Die Scham – das, was unterhalb der Gürtellinie ist – und Scham (sie schämen sich) haben miteinander zu tun.

An zwei Bereichen seines Körpers ist der Mensch besonders gefährdet und verletzlich: im Gesicht und an seinem Geschlecht.

Adam und Eva nehmen die sprichwörtlichen Feigenblätter und verhüllen ihre Scham ...

Dem großen Donnerwetter entgehen sie dadurch natürlich nicht. Aber Gott reißt ihnen die Feigenblätter nicht vom Leib. Er kennt ja seine Menschen. Er sieht auch so durch und sieht tiefer. Erkennt, was los ist. Wie sie nicht nur ihn verletzt haben, sondern auch sich selbst.

Am Ende der Begegnung macht Gott Adam und Eva sogar Kleider aus Fell – er weiß, dass man sich in dieser

Welt schützen muss. Nicht nur vor Kälte und Nässe, sondern auch vor Blicken und Gedanken.

Und so müssen sie den Garten Eden verlassen und gehen hinaus in die Welt. Das Paradies ist Geschichte, wo die Menschen nackt herumliefen und in einer tiefen Einheit mit der Schöpfung und dem Schöpfer lebten.

Menschsein ohne Maske gibt es ab jetzt nicht mehr. Du kannst dich nicht einfach immer und überall unverhüllt zeigen. Die meiste Zeit brauchst du einen Schutz. Und Gott gibt dazu sein Okay.

Wenn die Maske Abgründe versteckt

Ein letzter Gedanke ist mir noch wichtig: In einem Buch meiner Jugendzeit, »Das Jahrhundert der Chirurgen«, wurde von einem britischen Arzt im Indien des 19. Jahrhunderts erzählt. Eines Tages sucht ihn eine attraktive junge Frau auf. Von ihrem Gesicht sind nur die reizenden Augen sichtbar – den Rest verhüllt ein Schleier. Als sie den Schleier zurückschlägt, taumelt der Arzt zurück: Ein schwarzes Loch gähnt in der Mitte des Gesichts dort, wo die Nase sein müsste – eine Krankheit hatte sie weggefressen.

Manchmal verdeckt eine Maske so ein Loch, Abgründe tun sich auf ...

Es hat viele erschüttert zu erfahren, dass Jesuitenpatres im Berliner Canisius-Stift und an anderen Orten über Jahrzehnte hin junge Menschen missbraucht haben.

Menschen verbergen die Abgründe in sich oft jahrelang erfolgreich unter einem Schleier, manchmal sogar jahrzehntelang – und es frisst weiter bis zum Schluss ...

Wenn die Maske dann weggezogen wird, kommen die

Abgründe zum Vorschein, und die Umwelt taumelt entsetzt zurück.

Hinter jedem Abgrund steckt eine Not, ein Trauma, ein Dilemma: etwas, was nicht bearbeitet oder geheilt ist, manchmal auch eine gewisse Veranlagung ...

Vielleicht ist heute Abend jemand da, dessen Maske so einen Abgrund verbirgt.

Eigentlich weißt du es, aber du verdrängst es immer wieder, hast dir schon tausend Chancen gegeben und bist immer wieder gescheitert ... du drehst dich nur noch um das Eine, während sich das richtige Leben schon längst von dir verabschiedet hat ... und deine größte Angst ist es, dass dir jemand die Maske vom Gesicht reißt und du entdeckt wirst.

Ich kann dazu jetzt nur drei Dinge sagen:

· Hilfe ist möglich. Wie auch immer sie aussieht: Hilfe ist möglich.

· Du musst dir dazu jemanden suchen – allein wirst du es nicht schaffen.

· Und wie immer dein Abgrund aussieht – du bist ein von Gott geliebter Mensch.

Gebet

Gott, du durchschaust mich,
du kennst mich bis auf den Grund.
Ob ich sitze oder stehe, du weißt es,
du kennst meine Pläne von ferne.
Ob ich tätig bin oder ausruhe,
du siehst mich;

jeder Schritt, den ich mache, ist dir bekannt.
Noch ehe ein Wort auf meine Zunge kommt,
hast du es schon gehört.
Von allen Seiten umgibst du mich,
ich bin ganz in deiner Hand.
Ps 139,1-5 GNB

Gestaltungstipp

- Alternativ zum Theaterstück könnte folgender Monolog stehen. Parallel dazu könnten Bilder von Masken eingeblendet werden.

Eine einzelne Person tritt auf, mit zwei Masken in der Hand, die dann abwechselnd vors Gesicht gehalten werden.

»Bitte höre, was ich nicht sage! Lass dich nicht von mir narren. Lass dich nicht durch mein Gesicht täuschen. Denn ich trage tausend Masken. Und keine davon bin ich. So zu tun, als ob, ist eine Kunst, die mir zur zweiten Natur wurde.

Ich mache den Eindruck, als sei ich umgänglich, als sei alles sonnig und heiter in mir, innen wie außen, als könne ich über alles bestimmen und brauchte niemanden. Aber glaub mir nicht.

Mein Äußeres mag sicher erscheinen, aber es ist meine Maske. Darunter bin ich, wie ich wirklich bin. Traurig, unsicher und sehr allein. Aber ich verberge das, weil ich nicht möchte, dass es irgendjemand merkt. Beim bloßen Gedanken an meine Schwächen bekomme ich Panik und fürchte mich davor, mich anderen auszusetzen.

Ich fürchte, du wirst gering von mir denken und über mich lachen – und dein Lachen würde mich umbringen. Ich habe Angst, dass ich tief drinnen in mir selbst nichts bin und dass du das siehst und mich abweisen wirst. So spiele ich mein verzweifeltes Spiel: eine sichere Fassade außen und ein unsicheres Kind innen.

Ich bin jemand, den du sehr gut kennst. Ich bin jedermann, den du triffst – jeder Mann und jede Frau, die dir begegnen.«[13]

---

13 Aus dem Internet, Verf. unbekannt.

Bin ich ansteckend?!

Einleitung

Woran denken Sie beim Wort »ansteckend«? An eine Krankheit, die Sie lieber nicht kriegen möchten, oder an einen Menschen, der Sie durch sein ansteckendes Lachen aufmuntert? Keine Angst, es geht heute Abend um die positive Bedeutung von »ansteckend«. Wenn Lachen ansteckend sein kann, warum dann eigentlich nicht Glaube? Aber ganz so einfach ist das nicht. Es gibt Menschen, die tragen ihren Glauben so vor sich her, dass andere davor zurückschrecken – wie vor einer ansteckenden Krankheit. Wie kann Glaube so ansteckend werden wie ansteckendes Lachen – befreiend, ermutigend?

Theater
Szene 1

Nicole: Ja, Herr Metzger, den fachlichen Teil des Bewerbungsgesprächs können wir damit abschließen. Gestatten Sie mir zum Schluss noch eine Frage jenseits des Beruflichen – unsere Firma nimmt ja auch über die Arbeitszeit hinaus Anteil an ihren Mitarbeitern: Wie verbringen Sie denn Ihre Freizeit, z.B. das Wochenende?

Michael: Also, am Samstag bin ich oft im Garten – da

gibt es ja immer was zu tun. Und am Sonntag ...

Nicole: Ja?

Michael: Am Sonntag ... gehe ich morgens, d.h. eher vormittags ...

Nicole: *(schaut interessiert)*

Michael: ... also ich gehe an so einen Ort, wo ich mich aufbauen lasse ...

Nicole: Fitness-Studio?

Michael: Äh, so ähnlich, aber mehr ganzheitlich, also wir gehen da meistens als Familie hin, nämlich in ...

Nicole: ... so eine Art Wellnessoase?

Michael: *(erleichtert)* Ja, genau, so könnte man es nennen.

Szene 2

Nicole: Ja, Herr Metzger, den fachlichen Teil des Bewerbungsgesprächs können wir damit abschließen. Gestatten Sie mir zum Schluss noch eine Frage jenseits des Beruflichen – unsere Firma nimmt ja auch über die Arbeitszeit hinaus Anteil an ihren Mitarbeitern: Wie verbringen Sie denn Ihre Freizeit, z.B. das Wochenende?

Michael: Das freut mich aber sehr, dass Sie das interessiert. Samstag ist Garten. Und Sonntag: Also, da mache ich immer etwas ganz Besonderes.

Nicole: Ach, tatsächlich?

Michael: Wir gehen jeden Sonntag als Familie in die Kirche – zum Gottesdienst. Am besten zeige ich Ihnen das mal *(zieht DVD heraus)*. Wissen Sie, ich habe immer eine dabei – Heiden hat's heute ja überall ... die können wir an Ihrem PC gleich mal anschauen – wir haben so einen richtig coolen Pfarrer ...

Nicole: Also, so genau wollte ich das ...

Michael: ... und die Band erst – Sie machen sich keine Vorstellung! Wenn die anfangen zu spielen, das groovt und funkt – da geht voll die Post ab, da fließen die Gebete nur so aus Ihrem Herzen *(springt auf, wiegt hin und her)* ...

Nicole: Vielen Dank, Herr Metzger, ich glaube ...

Michael: Vor einem halben Jahr haben sie mich gefragt, ob ich im Theaterteam mitmachen will – ist das nicht suppi?! Und ich habe »Ja« gesagt! Seitdem kommen jedes Mal mehr Leute und ...

Nicole: Das reicht jetzt wirklich ...

Michael: Sie müssen unbedingt mal kommen – versprechen Sie's mir? Wenn Sie zum nächsten Gottesdienst kommen, nehme ich sogar Ihren unterbezahlten Job an ...

Szene 3

Nicole: Ja, Herr Metzger, den fachlichen Teil des Bewerbungsgesprächs können wir damit abschließen. Gestatten Sie mir zum Schluss noch eine Frage jenseits des Beruflichen – unsere Firma nimmt ja auch über die Arbeitszeit hinaus Anteil an ihren Mitarbeitern: Wie verbringen Sie denn Ihre Freizeit, z.B. das Wochenende?

Michael: Also, wenn ich ehrlich bin ...

Nicole: Ja?

Michael: ... und Sie wollen ja eine ehrliche Antwort ...

Nicole: Ja!

Michael: ... geht Sie das einen Scheißdreck an!

Predigt

Bei einer Sendung auf SWR 3 erzählte eine Frau, wie sie zu einem Event mit Starkoch Johann Lafer bekehrt wurde – sie hat wirklich »bekehrt« gesagt!

Menschen reden öffentlich darüber, wie sie bekehrt wurden zu Starköchen, zu angesagten Bands oder einer neuen Diät ... aber über den Glauben so offen zu reden – überhaupt zu reden – ist bei uns in Deutschland viel schwerer.

Bei einem Abend mit Konfirmandeneltern habe ich mal gesagt: Es ist leichter, über Sex zu reden als über den Glauben. Eine Frau meinte dann allerdings, sie würde mir auch nicht erzählen, wann sie das letzte Mal guten Sex hatte ... okay ...

Besonders aufgeschlossen sind wir Deutsche beim Thema »Glauben« jedenfalls nicht – das ist Privatsache.

Gleichzeitig gibt es einen neuen Trend: Religion wird wieder Thema – sogar die christliche Religion. Das Buch »Die Hütte« von Paul Young hielt sich wochenlang auf der SPIEGEL-Bestsellerliste.

Wann haben Sie das letzte Mal jemand vom COME-Gottesdienst erzählt? Haben Sie überhaupt schon mal?

Mit wem haben Sie das letzte Mal über das Thema »Glauben« gesprochen? Und bei welcher Gelegenheit?

Wurden Sie gefragt? Haben Sie von sich aus etwas gesagt? Oder kam das noch nie vor?

Auch für mich als Pfarrer ist das nicht so einfach, wie Sie vielleicht meinen. Alle wissen: Ich bin ein »Berufschrist« – ich muss ja vom Glauben reden. Aber ich rede mit Menschen weniger vom Glauben, als Sie denken.

Bei Besuchen erzählen mir Menschen alles Mögliche, das Thema »Glaube« kommt höchstens irgendwo zwischen den Zeilen vor. Ich will dann auch nichts Frommes draufsetzen und schweige ...

Müsste ich nicht eher sagen: »Ach ja, und übrigens, fast hätte ich's vergessen: Wissen Sie eigentlich, dass Gott Sie liebt?« Oder: »Wie halten Sie's eigentlich mit dem Glauben?« ... und am besten eine DVD mit dem letzten Gottesdienst aus der Tasche ziehen?!

Es gibt viele Gründe, nicht vom Glauben zu sprechen ... manchmal sind es sogar gute Gründe ...

Zehn Gründe für einen Glauben, der bei sich selbst bleibt:

1. Der moderne Toleranzgedanke: Ich will anderen doch nichts überstülpen! Wenn für meinen Nachbarn das Autowaschen Gottesdienst ist – warum denn nicht?

2. Sprachlosigkeit und Unsicherheit: Was genau soll ich denn weitergeben? Wie soll ich über meinen Glauben reden?

3. Unvollkommenheit: Ich bin nicht perfekt genug! Ist

mein Leben denn besser als das von Menschen, bei denen der Glaube nicht diese Rolle spielt?

4. Priorität: Ist mir der Glaube wirklich so wichtig, dass ich das gern anderen weitergeben würde?

5. Vorbildfunktion: Werde ich dann selbst an anderen Maßstäben gemessen?

6. Scham: Glaube ist was für Schwache (Frauen, Kinder, Alte, Kranke). Brauche ich den Glauben zum Leben? Bin ich so schwach?

7. Negative Vorerfahrungen: Wie oft habe ich schon vergeblich eingeladen, musste mir sogar blöde Bemerkungen anhören.

8. Angst vor Missverständnis (»Schublade«): Ich bin doch kein Superfrommer! Meine Kollegen trauen sich keinen Witz mehr vor mir zu erzählen.

9. Das schlechte Image der Kirche: »Ja, ihr mit euren Missbrauchsfällen ...«

10. Die Volkskirche: Da sind doch ohnehin so gut wie alle drin – wozu soll ich dann noch einladen?

Gegen zehn Gründe, nicht vom Glauben zu reden, will ich einen einzigen Grund nennen, warum wir den Glauben ins Gespräch bringen müssen:

»Ihr seid die einzige Bibel, die die Öffentlichkeit noch liest.« (aus den 1970er Jahren).

Wodurch sollen Menschen, die sich von Glauben und Kirche entfernt haben, Anstöße bekommen – wenn nicht durch uns?

Wenn ich für andere »Bibel« bin: Was können andere aus mir herauslesen und -hören? Über Gott? Über Christinnen und Christen? Über den Glauben?

»Wie mich der Vater gesandt hat, so sende ich euch.« (Joh 20,21) So schlicht sagt es Jesus. Erstaunlich, dass er uns das zutraut! So eine Mission!

Da könnte man gleich die Krise kriegen: Du meine Güte, was muss ich darstellen? Eine Linie von Gott Vater, Sohn und mir?!

Da muss ich ja mindestens das overglückliche und voll sinnvolle Leben vorweisen können ... und dabei komme ich gerade auf dem Zahnfleisch daher, kämpfe mit meinem Beruf und habe daheim noch jede Menge Ärger ...

Bei der Einführung von hauptamtlich Mitarbeitenden fällt immer der Satz: »Lebt so, dass euer Zeugnis nicht unglaubwürdig wird.«

Auf Deutsch: Wenn ich meinem Nachbarn einen Brief vom Anwalt einwerfe, weil sein Hund gegen mein Garagentor gepinkelt hat, sollte ich nicht gleichzeitig eine Einladung zum Gottesdienst einwerfen ...

Das andere Extrem sind die Menschen, die ständig »grins, grins« herumlaufen, immer und überall zu Gott einladen und bei denen scheinbar alles in Ordnung ist, alles rund läuft und es nie Probleme gibt.

Wie können wir auf Gott hinweisen und über den Glauben reden? Es gibt ganz verschiedene Möglichkeiten:

Es müssen nicht immer Worte sein ...

Es gibt Menschen, die bringen andere nach langer Zeit wieder zum Beten – ganz ohne Worte, schon nach lächerlichen fünf Minuten auf dem Beifahrersitz ...

Ich kann auch non-verbal hinweisen: z.B. durch ein Buch, eine CD, eine Karte (mit sinnvollem Spruch) – etwas, das passt!

Wichtig ist zu schauen: Was braucht der andere – nicht ich? In welcher Welt lebt er, wie kann ich ihn erreichen? Mit welchem Musikstil? Mit welchem Buch? Da ist Phantasie gefragt, Schablonen helfen nicht!

Dann ist es gut, die eigene Komfortzone auszuweiten: etwas tun, was ich vorher noch nicht getan habe, weil ich mich nicht getraut habe. Z.B. einladen zu einer Veranstaltung, von deren Qualität ich überzeugt bin.

»Ich habe Angst, jemanden zum Gottesdienst einzuladen – er könnte ja kommen« – dann bitte nicht! Wenn Sie keine Angst haben, dass jemanden auf Ihre Einladung hin zu COME kommt, dann tun Sie's bitte!

Es gibt zwar verschiedene Schienen, auf denen eingeladen wird: Zeitungsberichte, Artikel im Mitteilungsblatt, Plakate etc. Aber deshalb allein kommt jemand noch längst nicht.

Wenn Sie in der Zeitung lesen, dass in Mosbach ein neues Lokal eröffnet hat, gehen Sie dann hin? Kaum! Aber wenn Ihnen gute Freunde sagen, dass sie dort waren und dieses Lokal total super ist, dann werden Sie sich viel eher dazu aufraffen.

Ihre Einladung zählt! Wenn jemand neu kommt, dann deshalb.

Wenn es dann mal zu einem Gespräch über den Glauben kommt, dann sind Zeugen gefragt, keine Prediger.

Eine Frau, die ihrer krebskranken Freundin sagt: »Was du jetzt durchmachst, das hat alles seinen Sinn, glaub mir! Gott weiß, warum er dir diese Krankheit schickt!« ...

gut gemeint, aber voll daneben! Bibelkenner wissen aus der Hiob-Geschichte: Beistehen in der Not ist viel wichtiger als angeblich richtige Sätze.

Wenn ich von meinen Erfahrungen spreche, dann geht es nie um scheinbar objektive Wahrheiten wie: »Gottesdienst ist wichtig!« oder: »Ohne Gottesdienst bleibt der Sonntag leer!« Sondern ich erzähle von mir: »Mir fehlt ohne Gottesdienst am Wochenende einfach was.« Oder: »Mir tut Gottesdienst gut« etc. ICH-Botschaften laden andere zum Gespräch ein.

Gefragt sind nicht Glaubenshelden. Gefragt sind Menschen, die Gott berührt hat.

Am wichtigsten aber sind Liebe und echtes Interesse am anderen. Wenn das da ist, finde ich einen Weg!

Gerhard Engelsberger erzählt von einem chinesischen Christen.[14] Der muss einmal täglich das »glückliche Wort« weitergeben. Wenn es ihm tagsüber mal nicht gelungen ist, setzt er sich nachts aufs häusliche Gemeinschaftsklo – dort wird früher oder später sicher jemand vorbeikommen ... Ich male mir jetzt nicht aus, wie das dann ablief ... schon witzig!

Wir fallen eher auf der anderen Seite herunter – wie wir unseren Glauben leben: eher zu ängstlich als zu herausfordernd; eher zu defensiv als zu offensiv, eher verhüllend als einladend.

Beim nächsten Gottesdienst soll die Kirche zu klein sein – denken Sie dran, jemanden einzuladen!

---

14 PBI 5/2010, Editorial.

Gebet

Der Glaube ist mir schon wichtig,
mein Glaube.
Was andere glauben,
ob sie festen Grund unter den Füßen haben –
es ist mir ziemlich egal.

Glühen müsste es in mir,
dass ich mich interessiere,
wie andere glauben,
welche Erfahrungen sie mit dir machen,
ob sie enttäuscht sind, verwundet
oder neugierig und fragend.

Ich will mich auf den Weg machen,
neue Begegnungen suchen,
in deiner Gegenwart,
Gott.

Gestaltungstipp

- Ansprechende Einladungskarten für den nächsten Gottesdienst vorbereiten, die jemandem aus dem privaten oder beruflichen Umfeld persönlich überreicht werden sollen.

- Ein Seminar anbieten, das befähigt, besser über den eigenen Glauben sprechen zu können.

Armes Deutschland

Einleitung

Noch vor wenigen Jahren musste man sich als Nestbeschmutzer beschimpfen lassen, wenn man die sozialen Verhältnisse in unserem Land kritisierte. Und noch heute verweisen viele auf andere Länder und sagen: Bei uns ist's ja noch Zucker! Und doch hat sich inzwischen herumgesprochen, dass bei uns ziemlich der Wurm drin ist: dass die Reichen immer reicher und die Armen immer ärmer werden und diese Schere immer weiter auseinandergeht. Armes Deutschland!

Theater

Eine Frau sitzt im Schein einer Stehlampe an einem Tisch, vor sich ein Glas Rotwein und eine Wanderkarte. Ihr mobiles Telefon klingelt.

Kaltschmidt ...
Ah, guten Abend, Frau Weber! Ich bin gerade dabei, unsere Wanderung für das Landschulheim zu planen.
Wie? Ach, das tut mir aber leid! Heute Morgen hat er noch einen ganz fitten Eindruck gemacht.
Ganz plötzlich? Hm ...
Und mit Antibiotika?
Unverträglichkeit? Dann darf er gar nichts nehmen?

Und wenn Sie noch einen Tag zuwarten? Vielleicht wird es doch wieder besser?

Ah, das ist schade! Es hätte ihm gutgetan, dabei zu sein. Als Sie im Frühjahr frisch zugezogen sind, war es ziemlich schwierig für ihn. Aber inzwischen hat er einen richtig guten Stand in der Klasse. Und jetzt kann er nicht mit ... Wie hat er denn selber reagiert?

Hm. Ja.

Dann kann man wohl nichts machen. Aber bitte sagen Sie ihm viele Grüße von mir und gute Besserung. Wir schreiben ihm bestimmt eine Karte. Auf Wiederhören.

Lehnt sich zurück in den Stuhl, nippt am Rotwein, nimmt die Landkarte in die Hand, lässt sie wieder sinken.

Irgendwie ist das komisch ...

Nimmt das Telefon und wählt.

Ja, Marion, hallo, hier ist Karin, tut mir leid, wenn ich dich so spät noch störe.

Sag mal, du hast doch den Jonas Weber in Mathe. Ist dir aufgefallen, dass der heute gekränkelt hat?

Auch nicht. Das ist doch seltsam. Stell dir vor, gerade ruft mich seine Mutter an und sagt das Landschulheim ab: Jonas sei plötzlich krank geworden.

Äh, warum wundert dich das nicht?! Gerade sagst du, er war heute völlig gesund.

Was?! Das ist nicht dein Ernst! Du willst damit doch nicht sagen, dass mich seine Mutter angelogen hat?!

Wie soll man es denn sonst nennen?

Warum Notlüge? Wie kommst du darauf?

Und woher weißt du, dass die finanziell so schlecht dastehen?

Ach so. Und du meinst wirklich, das ist der Grund, warum sie jetzt ...?

Aber das hätte sie mir doch sagen können! Der Förderverein hat dafür extra einen Fonds eingerichtet! Niemand aus der Klasse hätte es erfahren!

Scham? Ja, das würde erklären, warum sie eine Krankheit erfindet.

Ich hab auch das Gefühl, dass ich im Moment gar nichts machen kann. Ach, Marion, jetzt fühl ich mich noch ratloser als vorher!

Vielen Dank trotzdem und dir noch einen schönen Abend. Tschüss.

Lehnt sich wieder zurück, überlegt.

Warum muss so was denn sein?

Predigt

Letzte Woche habe ich die Mosbacher Tafel besucht. Als Erstes empfing mich die Leiterin in ihrem Büro. Vor der Tür saß eine alte Frau in abgerissenen Klamotten und löchrigen Pantoffeln. Sie wartete und wollte eine Einkaufskarte beantragen.

Nach unserem Vorgespräch gingen wir hinüber zum Tafelladen. Es war kurz vor elf. Ehrenamtliche Mitarbeiterinnen sortierten Lebensmittel, sonderten vergammeltes Obst aus, räumten Regale ein, machten sauber und bereiteten alles für den Verkauf vor. Und meine erste Reaktion war Dankbarkeit: Super, dass es das gibt! Klasse, wie sich Leute für andere engagieren! Z.B. für diese alte Frau.

Dann habe ich mich ein bisschen umgesehen. In den Regalen lag relativ viel Obst und Gemüse. Was es nicht gab, war Milch. Und wenn welche da ist, darf man nur einen Liter mitnehmen. Oder *ein* Glas Honig oder Marmelade oder Konserven. Und alle, die einkaufen wollen, müssen vorher eine Nummer ziehen. Sonst wollen alle auf einmal hinein, und das gäbe Probleme.

Und auf einmal habe ich mich gefragt: Wie würde ich mich fühlen, wenn *ich* hier einkaufen würde – oder müsste? Und das war meine zweite Reaktion: Beklemmung! Es ist nicht ohne, da hinzugehen!

Manche schleichen sich hin und hoffen, es sieht sie niemand: Sie würden in den Boden versinken.

In Nürtingen zog der Tafelladen direkt in die Stadtmitte. Folge: Die Leute blieben weg! Der Laden lag zu stark im öffentlichen Blickfeld.

© privat

Ich weiß auch von einer Frau, die heute Abend nicht zum Gottesdienst gekommen ist, weil sie selber zu nah dran ist an diesem Thema.

Inzwischen habe ich immer wieder über meinen Besuch bei der Tafel nachgedacht. Dass es das geben muss. Bei uns, in einem der reichsten Länder der Erde. Eine Parallelwelt. Abgetrennt von der Mehrheit. Mit eigenen Gesetzen. Mit gewaltigen Unterschieden zum Leben der anderen.

»Unterschied« heißt auf lateinisch »discrimen«. Diskriminierend! Und das war meine dritte Reaktion: Scham.

Damit ich nicht missverstanden werde: Es ist so wichtig, dass es die Tafeln und viele andere Hilfsangebote gibt. Es besteht nur die Gefahr, dass sich unsere Gesellschaft damit einrichtet. An Parallelwelten gewöhnt. Die einen gehen zum Neukauf oder Aldi, die anderen gehen eben zur Tafel und in den Diakonieladen.

Hilfsangebote sind nicht mehr Überbrückung, sondern Dauerlösung. Darauf läuft es zurzeit hinaus: Wir richten uns in Deutschland langfristig auf Armut ein. Obwohl es viel, viel Wohlstand, ja Reichtum gibt. Das ist nicht nur für die Armen schlecht, sondern für alle.

Und es gibt noch jemanden, dem das ganz gewaltig ein Dorn im Auge ist:

Sprecher/in:

Weh denen, die ihre Macht missbrauchen, um Verordnungen zu erlassen, die Menschen ins Unglück stürzen! Sie bringen die Armen und Schwachen in meinem Volk um ihr Recht und plündern die Witwen und Waisen aus. (Jes 10,1f.)

Weh denen, die sich ein Haus nach dem andern hinstellen und ein Feld nach dem andern kaufen, bis kein Grundstück mehr übrig ist und sie das ganze Land besitzen! (Jes 5,8)

Hört, was der HERR sagt: Auch ihr Leute von Israel habt Verbrechen auf Verbrechen gehäuft! Darum verschone ich euch nicht. Ihr verkauft ehrliche Leute als Sklaven, nur weil sie ihre Schulden nicht bezahlen können, ja ihr verkauft einen Armen schon, wenn er euch eine Kleinigkeit wie ein Paar Sandalen schuldet. (Am 2,6)

Sklaven gibt's bei uns nicht mehr, und Schulden werden auch nicht mehr in Sandalen gemessen. Wie würde es ein Prophet wie Amos dann heute sagen?

Sprecher/in:

Hört, was der HERR sagt:
Gott wird stinksauer, wenn eine Frau, die ihr Leben lang gearbeitet hat, im Alter zum Tafelladen gehen muss, während Vorstände Millionen im Jahr scheffeln.

Gott wird stinksauer, wenn Leute vor dem Sozialgericht ihr Recht einklagen müssen, nur weil die Behörde sie nicht richtig aufgeklärt hat.

Gott wird stinksauer, wenn Menschen krank werden, weil sie keine Arbeit haben, und andere, weil sie darin ersticken.

> Und Gott wird stinksauer, wenn Politiker, die seit Jahren
> nicht mehr selber beim Einkaufen waren, bestimmen,
> wie viel Geld ein Mensch zum Leben braucht.

*Über den Beamer wird die Abbildung eines Wundspreizers
eingeblendet.*

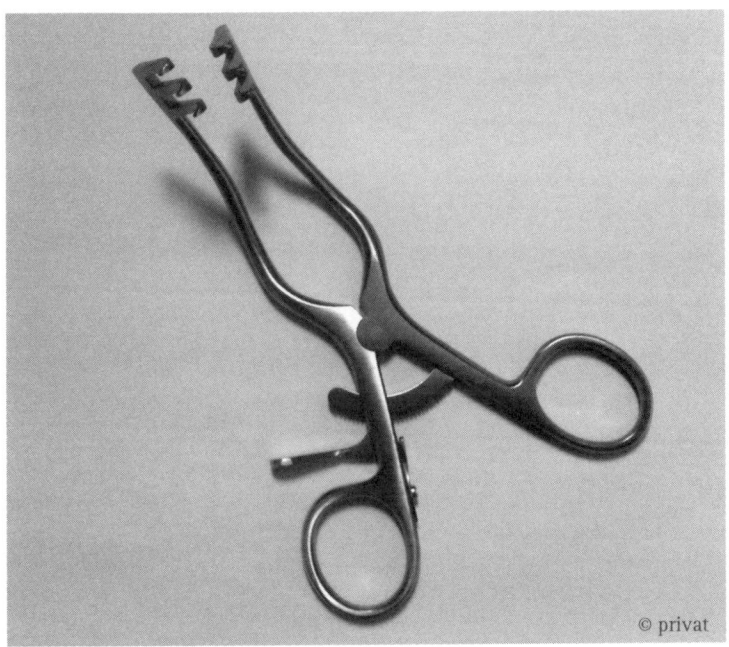

© privat

Vielleicht fragen sich manche, was eigentlich dieses Ding
auf der Leinwand soll, das so ähnlich wie eine Schere
aussieht. Es ist ein Wundspreizer. Er hat bei Operationen
die Aufgabe, eine Wunde offen zu halten. Unsere Aufgabe als Kirche ist es nicht nur, zu verbinden. Es ist auch
unsere Aufgabe, die Wunde in unserer Gesellschaft offen
zu halten. Gottesschmerz und Menschenschmerz Sprache
und Gesicht zu geben.

Die Bibel, die Gott aus dem Herzen spricht, liefert keine Vorlagen für das Sozialgesetzbuch. Sie zeigt uns etwas viel Wichtigeres: einen Horizont. Gottes weiten Horizont für alle Menschen. Alle wollen leben und haben Bedürfnisse. Alle sind miteinander verbunden. Alle sind Gottes Geschöpfe. Seine Kinder.

Sprecher/in:
Drei Zeitarbeiter in einem Betrieb:
Der Erste fängt um 7 Uhr an,
der Zweite wird ab 11 Uhr beschäftigt,
der Dritte ab 15 Uhr.
Um 16 Uhr ist Betriebsschluss.
Der Erste kriegt 50,– EUR Lohn,
der Zweite 50,– EUR,
der Dritte 50,– EUR.
Das ist Betrug!, schimpft der Erste.
Das ist unfair!, beklagt sich der Zweite.
Der Dritte sagt nichts.
Der Chef sagt: Kostet nicht das Brot für alle gleich viel?
Und Jesus sagt: Das ist Gottes neue Welt!
(Nach Mt 20,1-16)

Gebet

Es geht nicht gerecht zu,
auch in unserem Land nicht –
das klagen wir dir, Gott.

Und wir bitten dich um Kraft,
die Wunde offen zu halten,

uns nicht an Armut zu gewöhnen
oder abzuschalten.

Wir bitten dich für alle,
die in der Politik verantwortlich sind,
dass sie allen ein menschenwürdiges Leben ermögli-
chen,
dass möglichst viele Menschen in Arbeit kommen
und gefördert werden.

Wir bitten dich vor allem für Kinder und Jugendliche,
die in Armut aufwachsen,
dass sie eine Chance bekommen.

Gestaltungstipp

- Die Predigt kann mit aktuellen Statistiken (z.B. Armutsbericht, Leistungen von Hartz IV etc.) unterfüttert werden.

- Interview mit der Geschäftsführerin der örtlichen Tafel.

- Interview mit dem Geschäftsführer des örtlichen Diakonischen Werks.

Dock 7
Zugänge zu Gott

Einleitung

Auf welche Weise lässt sich ein Zugang zu Gott finden?
Manche denken, es könne nur *einen* Zugang geben – ihren natürlich –, und alle anderen müssten auch diesen
Weg gehen. Aber in Wirklichkeit ist es viel bunter, weil
Gott viel größer ist und uns eine Reihe von Wegen eröffnet, ihm zu begegnen. Es ist gut, zu wissen: Was ist denn
der passende Zugang für mich? Und darum geht es heute.

Theater
Zwei Frauen sitzen beim Kaffee.

Sabine: Also, Silvia, dein Kaffee ist einfach besser als
meiner!

Silvia: Findest du wirklich?

Sabine: Ja, eindeutig! Woher kriegst du den denn? Ich
such nämlich noch einen guten Kaffee für die
Konfirmation.

Silvia: Richtig, die ist ja schon bald! Nur noch vier
Wochen! Dann bist du schon mitten in den
Vorbereitungen?

Sabine: Bis jetzt hält sich's noch in Grenzen. Wahrscheinlich krieg ich erst kurz vor Schluss den Koller. *(seufzt)* Ich freu mich jetzt schon, wenn wir sonntags wieder ausschlafen können.

Silvia: »Wir«? Dich hab ich im Gottesdienst doch nie gesehen.

Sabine: Schon, aber ich wach immer auf, wenn Nina die Treppe runterkommt.

Silvia: *(nickt)*

Sabine: Du brauchst nichts zu sagen ...

Silvia: Hab ich irgendwas gesagt?

Sabine: Du hast ja Recht, ich hätte sie mehr unterstützen sollen. In die Kirche mitgehen. Aber ich hab da einfach keinen Zugang ... das gibt mir nichts.

Silvia: Warst du denn früher im Gottesdienst?

Sabine: Als Kind eigentlich nur, wenn was Besonderes war. Bei Schulgottesdiensten oder an Weihnachten.

Silvia: Und das war so schrecklich?

Sabine: Nein, das war eigentlich ganz gut! Unsere Reli-Lehrerin hat immer mit der Gitarre gespielt, und es sind immer tolle Geschichten erzählt worden.

Silvia: Wie kommt's dann, dass du nichts mehr damit am Hut hast?

Sabine: Ach, das ist schon so lange her ... eigentlich will ich gar nicht daran erinnert werden ...

Silvia: O je. Kirchliches Trauma?

Sabine: Es war in der Konfirmandenzeit. Der Prüfungsgottesdienst – damals gab's sowas noch – war absolut schrecklich. Eins von den Mädchen hatte die Sachen einfach nicht drauf. Es war eine harte Zeit für sie, die Eltern waren gerade mitten in der Scheidung, und dann noch der übliche pubertäre Protest – sie hat's eben drauf angelegt und ist dem Pfarrer voll ins Messer gelaufen. Spätestens nach der dritten Frage war klar, dass sie rein gar nichts wusste, aber er hat immer und immer wieder auf ihr herumgehackt. Er hätte sie ja später nochmal einbestellen können. Aber er hat sich vor ihr aufgebaut und es so richtig ausgetreten. Gnadenlos. Und das Beste: Das Thema vom Gottesdienst war »Und vergib uns unsere Schuld«.

Silvia: Und dann?

Sabine: Irgendwann ist sie aufgesprungen und hinausgerannt. Das war damals der absolute Skandal.

Silvia: Wenn du das erzählst – ja, ich erinnere mich, dass darüber gesprochen wurde. Und das war in deinem Jahrgang? Da kenn ich ja die meisten davon. Wer war denn die Arme?

Sabine: Ich ...

Silvia: Oh! Das tut mir leid, dass du so eine Erfahrung gemacht hast.

Sabine: Irgendwie ist die Konfirmation vorbeigegangen, aber seitdem ... Bei dir war es anders, deswegen gehst du heute noch in den Gottesdienst. Du verbindest halt etwas damit.

Silvia: Also, wenn ich ehrlich bin: Ich nehme nicht jedes Mal so wahnsinnig viel mit aus dem Gottesdienst. Ich geh eher hin, weil ich da ein paar Leute treffe, die ich mag.

Sabine: Und ich hab immer gedacht, du bist gläubig.

Silvia: Ich glaub eigentlich schon, dass ich's bin.

Sabine: Aber dazu gehört doch auch, dass man irgendwie Erfahrungen macht mit Gott.

Silvia: Die mach ich schon, aber halt nicht in erster Linie im Gottesdienst.

Sabine: Und wo dann?

Silvia: Ich weiß nicht, ob ich da so direkt Gott erlebe. Aber wenn ich in der Kinderkirche – du weißt ja, ich arbeite da schon lange mit –, wenn ich sehe, wie die Kinder da voll dabei sind, wie sie mit den Liedern mitgehen und sich daran freuen – da geht mir total das Herz auf, und in dem Moment fühl ich mich Gott ganz nah.

Sabine: Wenn man dich so reden hört – du könntest einen direkt noch dafür werben.

Silvia: Wir suchen ständig Leute, die mitarbeiten ...

Sabine: Schenk mir lieber noch eine Tasse von deinem Kaffee ein, okay?

Predigt

DER RICHTIGE ZUGANG ENTSCHEIDET

Ein junger Mann aus Süddeutschland hat eine witzige Idee: Er will mit seinem Mini-Wohnwagen durch Europa fahren – eigentlich nichts Besonderes, nur: Er hat kein Auto! Er ist also darauf angewiesen, immer wieder Leute zu finden, die seinen Anhänger mit ihrem Auto ein Stück weiterziehen.

In seinem Reisetagebuch erzählt er, wie er zwei Tage irgendwo in der Schweiz festsitzt. Niemand ist zu bewegen, ihn mitzunehmen. Ja, er allein würde sofort eine Mitfahrgelegenheit finden. Aber wenn er dann auf seinen Anhänger zeigt, dann fällt den Leuten die Kinnlade herunter. Und selbst Landsleute haben – typisch deutsch – rechtliche Bedenken, falls etwas passieren sollte.

Endlich kommt einer mit einem Kennzeichen vom Balkan (das klingt langsam schon nach der Geschichte vom Barmherzigen Samariter), der ihn spontan mitnehmen will. Große Freude, alles super, endlich kann's losgehen, doch dann stellt sich heraus: Die Anhängerkupplung ist nicht kompatibel. Der kleine Wohnwagen kann am Auto nicht andocken. Und wieder bleibt er stehen und muss warten.

Wie viele Menschen stehen irgendwo auf ihrer inneren Reise und warten, dass ihnen jemand einen Impuls gibt, der sie weiterbringt. Und dann begegnen sie vielleicht sogar mal jemandem, der das tun würde. Aber sie sind nicht kompatibel. Sie können nicht andocken. Die Reise im Glauben kann nicht weitergehen.

Der passende Zugang entscheidet. Wenn ich den richtigen Zugang zu Gott finde, dann kann ich andocken und weiterkommen auf meinem inneren Weg. Aber welches ist mein Zugang?

I. ENTDECKE DEINEN ZUGANG!

So, wie es verschiedene Menschen gibt, so gibt es auch verschiedene Zugänge zu Gott. Die wichtigsten werde ich jetzt vorstellen. Und für Sie wird es hoffentlich spannend sein, herauszufinden, welcher davon Ihrem Zugang am nächsten kommt.

Vielleicht entdecken Sie auch, dass Sie mehrere Zugänge zu Gott haben – das kann gut sein. Aber in der Regel werden Sie auf einer Schiene ganz besonders ansprechbar sein.

1. Beziehungen

Menschen finden Zugang zu Gott über ... Menschen: eine Oma, die mit ihrem Enkelkind betet oder es mitnimmt zum Gottesdienst. Ein engagierter Pfarrer, der Jugendlichen durch bestimmte Formen Zugang zum Glauben eröffnet.

Vielleicht gibt es in Ihrem Leben auch so einen Menschen, der Ihnen einen Zugang eröffnet hat.

Oft sind es auch Gruppen von Menschen, die mir helfen, anzudocken: die Jugendgruppe, die ich jahrelang besucht habe; ein Kreis, dem ich als Erwachsener angehöre, wo ich Impulse bekomme (Hauskreise, Männergruppe).

Gemeinsam auf dem Weg zu sein ist etwas anderes als allein. Ich brauche nicht so viel Kraft. Wir werfen unsere Kräfte und unsere Sehnsucht nach Leben zusammen und machen uns auf die Reise.

Über Menschen finde ich Zugang zu Gott.

2. Stille

Ein anderer wichtiger Zugang zu Gott: Stille.

In der Stille kann Gott besser mit uns reden – und wir hören ihn besser.

Mose geht auf einen Berg, um mit Gott zu reden – das Volk, das immer nur motzt und mault, bleibt unten; Mose kann sich ganz auf Gottes Stimme konzentrieren.

Wir sind so mit Tausenden von Stimmen zugepflastert, dass wir es manchmal gar nicht mehr merken. Und manchen Menschen macht Stille deshalb Angst. Aber wenn ich mich erst einmal vorgearbeitet habe in die Stille, dann kann sie zum wichtigen Zugang zu Gott werden.

Falls das mein Zugang ist.

3. Schöpfung

Über die Natur einen Zugang zu Gott finden.

Manche sagen: Wenn ich in der Schöpfung bin, fühle ich mich mit dem Schöpfer verbunden.

© privat

Wir haben in den letzten Jahre ein Projekt durchgeführt, das die ersten drei Zugänge miteinander verbindet: ein Männerwochenende »Berge im Schweigen«. Ein Wochenende tauchen wir ein in die Bergwelt, sehen, hören, riechen, und gehen streckenweise im Schweigen – auch Männer können das, mit viel gutem Zureden! Und bei allem erleben wir uns als Gruppe, als Männer mit Stärken und Schwächen, die sich gut aushalten können und sich gegenseitig bereichern. – Leider kann man nicht jedes Wochenende in die Berge gehen!

4. Engagement für andere

Eine Altenpflegerin erzählt, dass sie so gern alte Menschen eincremt. Wenn sie merkt, wie schön es für die alten Leute ist und wie gut ihnen Berührung tut.

Oder die Frau, die in der Kinderkirche mitarbeitet und für die es das Höchste ist, die Kinder beim Singen zu erleben.

Man könnte diesen Zugang auch »Dienen« nennen. Es ist ein altes Missverständnis, als würde man beim Dienen nichts bekommen: Auch ich werde beschenkt, wenn ich diene.

Dienen, sich engagieren für andere ist ein wichtiger Zugang zu Gott

5. Loben

Unser COME-Gottesdienst ist ein Ort, wo wir Gott loben – da können wir ihm ganz nah sein.

Einmal sagte mir jemand danach: »Das war der schönste Gottesdienst, den ich je erlebt habe.« Ich wusste gar nicht, wo ich hingucken sollte. Ich fand den Gottesdienst an diesem Abend eher unterdurchschnittlich. Aber vielleicht lag es gerade an der Gottesdienstform! An dem gemeinsamen Loben. An der Art der Lieder. Am Zugang, den wir gewählt hatten.

Manche nehmen das mit nach Hause: werfen daheim eine CD ein, hören einen Vormittag Musik bei der Hausarbeit und fühlen sich so mit Gott verbunden.

6. Besondere Erfahrung

Wer eine besondere Erfahrung mit Gott macht, hat etwas, worauf er immer wieder zurückgreifen kann.

Du hast meine Seele vom Tode errettet. (Psalm 116,8)

© Antranias – pixabay.com

Für die Juden war das durch Jahrhunderte der Zugang schlechthin: dass Gott sie damals am Schilfmeer gerettet hat, als sie aus Ägypten auszogen und die Armee des Pharao im Rücken hatten und vor sich das Schilfmeer, und Gott hat das Wasser geteilt und sie konnten hindurch! Sie wurden nicht müde, sich noch Generationen später immer wieder daran zu erinnern: Damals hat Gott uns gerettet!

Manche Menschen machen solche besonderen Erfahrungen:

Sie werden von einer schweren Krankheit geheilt oder bleiben von einem Unfall verschont.

Sie erleben, dass Gott mit ihnen etwas ganz Spezielles vorhat.

Sie begegnen Gott in einer außergewöhnlichen Form.

War Ihr Zugang mit dabei?
Wenn ja, sollten Sie sich als Nächstes überlegen: Wie können Sie den stärken?

II. STÄRKE UND LEBE DEINEN ZUGANG!

Vielleicht muss dieser Zugang ja erst neu entdeckt werden. Oder vielleicht weiß ich: Das war früher ein Zugang für mich (Jugendarbeit) – aber wie ist es denn heute? Was hat sich verändert? Die Anhängerkupplung ist dran, aber sie ist nicht mehr kompatibel.

Es ist immer gut, stärkenorientiert zu denken: das ausbauen, was mir liegt, und genau das suchen. Nicht mich quälen mit etwas, was mir nicht liegt (oder mir ein schlechtes Gewissen macht), sondern: Wo finde ich meinen Zugang? Wie kann ich ihn praktizieren?

Wenn ich weiß, ich bin ein Stille-Typ, dann sollte ich auch Gelegenheiten für die Stille schaffen.

Wenn ich weiß, es bringt mich voran, mit anderen meinen Glauben zu leben, sollte ich mich einer solchen Gruppe (z.B. einem Hauskreis) anschließen.

Wenn ich weiß, es stärkt meine Beziehung zu Gott, wenn ich mich für andere engagiere, dann sollte ich mir ein solches Engagement suchen.

Meinen Zugang stärken heißt: ihm Raum geben in meinem Leben.

III. SUCHE EINEN KOMPLEMENTÄREN ZUGANG!

Jetzt kommt noch etwas dazu: Wir haben alle unseren hauptsächlichen Zugang, den ersten, z.B. »Beziehungen«. Aber wenn es nur diesen einen Zugang gibt und sonst nichts, ist das einseitig – und meine Beziehung zu Gott ist auch einseitig: Gott ist größer als dieser eine Zugang, und ich entfalte mich als Mensch auch erst dann, wenn ich mehr als einen Zugang lebe ...

Deshalb ist es sinnvoll, einen anderen Zugang einzuüben, der einen anderen Pol bedient:

Wer einen schöpfungsorientierten Zugang hat: Ich freue mich so an dem, was Gott geschaffen hat (v.a. an Kaffeebohnen), und am liebsten sitze ich mit einer Tasse Cappuccino auf der Terrasse, freue mich am schönen Garten (von Gott geschaffen) um mich herum, an der Sonne (Geschöpf Gottes), die auf meinen Bauch (Geschöpf Gottes) scheint, dem blauen Himmel – da fühle ich mich Gott richtig nahe –, dann lebe das, aber suche einen ergänzenden Zugang. Z.B. lade mal die alleinerziehende Mutter (Geschöpf Gottes) aus der Nachbarschaft ein, die auf der Straße immer so mit ihren Kindern herumbrüllt (Geschöpfe Gottes) – zum Cappuccino!

Wer dagegen immer nur am Rödeln ist für andere, sich aufarbeitet und sich damit Gott nahe fühlt, soll mal sehen, ob er nicht noch eine andere Seite an Gott (und auch an sich selbst) entdeckt, wenn er etwas Stille zulässt in seinem Leben.

Übrigens: Der Mann mit Wohnwagen kam doch noch ans Ziel. Mit einer Ente war er zwar nicht der Schnellste, aber er kam voran. Die Reise fand statt – und darauf kommt es an!

Gebet

Wie gut,
dass du so groß bist,
du, unser Gott,
dass wir dich auf so verschiedenen Wegen finden
und dir begegnen können.

Zeige uns,
was wir brauchen,
um dir zu begegnen.

Und mach uns Lust,
dich zu suchen und zu finden.

Gestaltungstipp

- Ein Foto von einem Schiffsdock wird jeweils mit einem anderen »Zugang« eingeblendet.

- Ein Interview zum Thema: Mein Zugang zu Gott bzw. zum Glauben – früher und heute.

Mieses Karma.
Ist alles vorherbestimmt?

Einleitung

Von einem Menschen, der als Ameise wiedergeboren wird, handelt das Buch »Mieses Karma« von David Safier. Ziemlich schrill. Und es dürfte nicht die Angst vieler Menschen widerspiegeln. Wenn Leute Angst haben, dann geht es darum, was ihnen als Menschen widerfahren kann: dass sie einen Unfall haben, Krebs bekommen oder ein lieber Mensch stirbt. Und wie ist das dann? Ist so etwas vorherbestimmt? Steht es zuvor schon fest, dass es der eine kriegt und die andere nicht? Sind wir festgelegt auf ein bestimmtes Schicksal, das uns unerbittlich einholt, egal, wie sehr wir zappeln?

Filmausschnitt

Ausschnitt aus »Benjamin Button«, Hergang zum Unfall der Tänzerin Daisy (1:48h – 1:51h, Länge 3 min.)

Predigt

Sind manche Dinge vorherbestimmt? So wie Daisys Unfall?

Wenn man sich ansieht, wie manche Ereignisse zustande kommen, kann man schon diesen Eindruck bekommen: ein vergessener Mantel, ein verpasstes Taxi, ein noch nicht verpacktes Geschenk ... und am Ende hängt dein Leben an einem Schnürsenkel ...

Vielleicht wäre es nicht ganz so schlimm für Daisy gewesen, wenn sie ein Kind vor dem heranbrausenden Taxi gerettet hätte. Dann hätte das Ganze einen Sinn gegeben. Und ihren Enkeln hätte sie später über die Tänzerinnenfotos auf der Kommode sagen können: »Wisst ihr, meine Karriere ist damals gestorben, aber dafür konnte ein Kind leben.« Aber auf den abgerissenen Schnürsenkel einer Freundin Rücksicht zu nehmen und dann ins Taxi zu rennen – das ist alles andere als großes Kino ...

Ist wirklich alles so zufällig? Bin ich nur ein Spielball zwischen Tausenden von Kräften und Faktoren und muss jeden Tag froh sein, wenn es mich nicht trifft?

Aber wie oft fährt das Taxi ganz dicht an mir vorbei – und ich merke es nicht mal? Im Februar 2013 raste der Asteroid DA-14 an der Erde vorbei – mit nur 21.000 km Abstand zur Erde. Das klingt unheimlich weit entfernt, ist in komischen Dimensionen aber unheimlich nah. So, wie wenn einer auf dich schießt, und die Kugel geht so knapp an dir vorbei, dass sie noch die Kleidung zerfetzt.

Gott hält die Welt am Laufen: In jeder Sekunde steuert er sie durch eine Armada von Asteroiden hindurch und an schwarzen Löchern vorbei – auch an denen in meinem kleinen Leben: Unser Sohn ist vor Jahren beim Spielen vor der Kirche auf die Mauer geklettert und rückwärts auf die Treppe gestürzt – außer einer leichten Gehirnerschütterung hatte er nichts ... Wunder im Alltag.

Oder beim Überholmanöver geht auf einmal doch noch eine Lücke auf, und du rutschst genau vor dem Ge-

genverkehr noch hinein. Eigentlich hätte alles gepasst für den Unfall, aber irgendwo war da ein Schutzengel und es trifft dich doch nicht ... auch so ein Wunder ...

Aber wenn es dann doch passiert? War es dann vorherbestimmt?

Wenn alles vorherbestimmt wäre, dann müssten auch die Gaskammern von Auschwitz vorherbestimmt gewesen sein oder der Busunfall letzte Woche.

Ich kann nicht glauben, dass Gott die Gaskammern und den Busunfall vorherbestimmt hat. Und vieles andere mehr. Und wenn es doch so wäre, dann könnte ich jeden verstehen, der mit so einem zynischen Gott nichts zu tun haben wollte. Mir ginge es dann genauso.

Warum geschehen dann trotzdem schreckliche Unfälle, gibt es grauenvolle Verbrechen und heimtückische Krankheiten?

Theologen haben früher gesagt: Gott will das Böse nicht, aber er verhindert es oft (auch) nicht – er lässt es zu.

Womit wir bei der nächsten Frage sind: Warum lässt er es zu?

Diese Frage kann man nicht wirklich beantworten. Es ist auch gar keine Frage, sondern eine Aufgabe. Sie kommt aus dem Schmerz. Und die Antwort auf die Frage »Warum?« ist auch kein Satz, sondern kann nur mein ganzes Leben sein. Wie ich mich dieser Aufgabe stelle, wie ich mit diesem Schmerz umgehe und mit denen, die leiden.

Es kann sein, dass Menschen im Nachhinein auch in schlimmen Ereignissen einen Sinn entdecken, so eine Art roten Faden. Sie sprechen dann von Führung. »Ich bin geführt worden – jetzt erkenne ich es, damals habe ich es nicht so sehen können.«

Aber das bedeutet nicht, dass Gott das alles so gewollt hat. Es bedeutet, dass Gott ihnen geholfen hat, ihrem Leid einen Sinn abzugewinnen. Mit der Zeit. Mit den Jahren.

Paulus, der Apostel, sagt im Rückblick: Gottes Kraft ist in den Schwachen mächtig. (2 Kor 12,9) Daisy aus dem Film würde am Ende ihres Lebens sagen: »Ich hatte es mir zwar ganz anders vorgestellt – aber es war okay so. Ich hätte sonst nicht die Liebe meines Lebens gefunden. Ich hätte sonst nicht die Liebe meines Lebens hergeben müssen. All das Wunderschöne und Schwere hätte ich nicht erlebt. Das war es wert.«

Aber das würde erst Jahrzehnte später geschehen. Wenn jetzt einer an ihr Krankenbett käme und sagen würde: »Daisy, es ist jetzt vielleicht schlimm für dich, aber weißt du was? Nur so wird dein Leben am Ende gelingen.« – Das funktioniert nicht. Sie muss es selbst herausfinden. Es ist ein langer Weg.

Es gibt noch einen Grund, warum ich mir nicht vorstellen kann, dass alles vorherbestimmt ist:

In der Bibel wird oft gesagt, was wir tun sollen, z.B.: »Der Herr hat dich wissen lassen, Mensch, was gut ist und was er von dir erwartet: Halte dich an das Recht, sei menschlich zu deinen Mitmenschen und lebe in steter Verbindung mit deinem Gott!« (Mi 6,8)

Solche Aufträge finden sich an vielen anderen Stellen. Z.B. die Zehn Gebote: Du sollst nicht töten! Du sollst nicht ehebrechen! Du sollst nicht stehlen! usw. Oder die Aufforderung: Liebe deinen Nächsten wie dich selbst!

Wenn ich die Bibel lese, werde ich immer wieder aufgefordert, mein bisheriges Verhalten in Frage zu stellen und es zu verändern. Jeder Satz will mich zum Handeln bewegen.

Welchen Sinn hätten diese Aufforderungen, wenn alles vorherbestimmt wäre? Warum erwartet Gott etwas von mir, warum sollte er mich auffordern, etwas zu tun, wenn alles nach einem festen Fahrplan abläuft – und zwar ganz ohne mich? Dann müsste ich mich gar nicht mehr verändern.

Gott traut mir zu, dass ich künftig anders leben werde als bisher. Und das geht nur, wenn nicht alles in meinem Leben vorherbestimmt ist. Es gibt einen Spielraum – den kann ich gestalten und den soll ich gestalten!

Dieser Spielraum ist für alle da: Du kannst etwas gestalten, aber du wirst auch gestaltet – von Kräften, die du nicht im Griff hast.

Die meisten hätten gern die Sicherheit, dass alles gut wird und Gott immer die großen Klöpse aus dem Weg räumt. »Securitas« heißt das auf Lateinisch, davon kommt »security«: Gott steht mit der Maschinenpistole im Anschlag da und hält dir alles Böse vom Leib. Da ist nur ein Problem: Diese Sicherheit gibt es nicht. Gott ist keine security, und der Glaube ist keine Versicherung.

Was es gibt, ist »Gewissheit«. Oder Vertrauen. Vertrauen – das gibt es.

Vielleicht hängt mein Leben mal an einem Schnürsenkel. Mag sein. Ich weiß es nicht, und ich will es auch nicht wissen. Es spielt für mich auch keine Rolle, ob mein Leben vorherbestimmt ist oder nicht. Entscheidend ist, dass einer mitgeht. Ich bin nicht allein. Was auch immer kommt: Gott ist bei mir und hilft mir, einen Weg zu finden. Darauf vertraue ich.

»Ich glaube, dass Gott aus allem, auch aus dem Bösesten, Gutes entstehen lassen kann und will. (...) Ich glaube, dass Gott uns in jeder Notlage so viel Widerstandskraft geben will, wie wir brauchen. Aber er gibt sie nicht im Voraus, damit wir uns nicht auf uns selbst, sondern allein auf ihn verlassen.« (Dietrich Bonhoeffer)

Gebet

Glauben will ich, mein Gott,
dass alles gut werden muss,
und wenn nicht sofort, dann mit der Zeit,
und wenn dann nicht,
dann wenigstens ganz am Ende,
damit du, mein Gott,
alles in allem bist
ganz am Ende
und alles in dir und alles gut ist.

Gestaltungstipp

- Filmausschnitt aus »Benjamin Button«. Zur Not kann die Szene auch nacherzählt werden, aber der Clip hat eine starke Wirkung und sollte nach Möglichkeit gezeigt werden.

Wüste

Einleitung

Die Wüste ist schön. Beeindruckend und faszinierend. Als Tourist. Wüste in meinem Leben ist weniger schön. Aber oft kann ich sie nicht so schnell hinter mir lassen wie der Tourist die Wüste. Dann geht es darum, diese Durststrecke zu meistern, irgendwie durchzukommen und die Hoffnung festzuhalten, dass es irgendwann wieder besser wird.

Theater

Ein Paar. Er sitzt am Tisch und ist hinter seiner Zeitung verborgen. Sie kommt dazu, setzt sich und schaut auf die Zeitung.

Sie: *(räuspert sich)*

Er: *(keine Reaktion)*

Sie: Bekomm ich dich heut eigentlich mal noch zu Gesicht?

Er: *(keine Reaktion)*

Sie: Vielleicht sitzt du ja gar nicht dahinter, sondern nur eine Puppe. Und du bist ganz woanders.

Er: *(hinter der Zeitung)* Die Griechen ruinieren uns alle noch.

Sie:	Das ist mir wurscht.
Er:	*(schlägt die Zeitung zurück)* Sollte es aber nicht: Dann gehen wir alle den Bach runter.
Sie:	Mich interessiert was ganz anderes, was den Bach runtergeht.
Er:	*(verschwindet wieder hinter der Zeitung)*
Sie:	Wort mit drei Buchstaben. Ist ziemlich am Ende.
Er:	*(immer noch hinter der Zeitung)* Tod.
Sie:	Ja, so ähnlich: Ehe.
Er:	*(lässt die Zeitung sinken)* Wer ist gestorben?
Sie:	Unsere Ehe, wenn wir so weitermachen.
Er:	*(schweigt)*
Sie:	Wir reden kaum noch miteinander ...
Er:	Gerade reden wir schon mehr als fünf Minuten ...
Sie:	... ja, belangloses Zeug ...
Er:	Ist es vielleicht belanglos, über den Tod zu reden?
Sie:	Wir reden doch gar nicht über den Tod! Aber so fängt's schon an: Du hörst mir ja gar nicht zu. Ich sage etwas, und du schnappst nur ein Stichwort auf ... Es interessiert dich gar nicht, was ich sage. Du willst nur, dass ich so schnell wie möglich wieder den Mund halte und du in Ruhe deine Sachen machen kannst.
Er:	Ich ... *(setzt an, bleibt dann aber stumm)*
Sie:	Es ist dir egal, was mit mir ist. Mit unserer Beziehung. Hauptsache, du machst dein Ding.

Er:	Ich ... helfe auch im Haushalt.
Sie:	Ja, wie ein Kind, das helfen muss und grad froh ist, wenn die Mama nichts mehr von ihm will.
Er:	*(schaut vor sich hin)*
Sie:	Und so ist es dann immer: Ich sag was, und du sitzt da und schweigst.
Er:	*(schweigt)*
Sie:	Wie kann man einfach nur so stumm dasitzen?
Er:	Was soll ich denn sagen?
Sie:	Irgendwas, was mir zeigt: Du hast noch Interesse an unserer Beziehung. *(schreit fast)* Du hast noch Interesse an mir!
Er:	*(sitzt schweigend da)*
Sie:	Aber das bringst du nicht heraus. Weil nichts mehr da ist. Kein Interesse. Keine Aufmerksamkeit. Keine Liebe. Alles tot. *(sie schlägt die Hände vors Gesicht)*
Er:	*(sitzt da und starrt weiter vor sich hin)*

Predigt

Mit 17 Jahren erkrankt der Bauernsohn Milton Erickson an Kinderlähmung. Sein Leben steht auf Messers Schneide. Den Arzt hört er zu seiner Mutter sagen, er werde die Nacht nicht überleben. Später erzählt er, er habe in diesem Moment eine unglaubliche Wut empfunden: Niemand habe das Recht, einer Mutter zu sagen, ihr Sohn werde am nächsten Morgen sterben. Mit schwacher Stimme bittet er seine Mutter, die Kommode in seinem

Zimmer zu verschieben. So kann er über den Flur durch das Fenster eines anderen Zimmers schauen, das nach Westen zeigt: Er will unbedingt noch einmal den Sonnenuntergang sehen. Dann verliert er das Bewusstsein. Als er drei Tage später wieder aufwacht, ist er am ganzen Körper gelähmt.

Da auf dem Hof alle arbeiten müssen, ist er den ganzen Tag allein. Er verbringt viel Zeit damit, auf Geräusche zu hören und sie zu interpretieren. Er versucht an den Schritten zu erkennen, wer zu ihm kommt und in welcher Stimmung diese Person ist. Einmal ist er an einen Schaukelstuhl fixiert und merkt plötzlich, wie der Stuhl anfängt, leicht zu schaukeln. Irgendeine Muskelbewegung von ihm musste die Schwingung ausgelöst haben. Von da an erkundet Erickson seinen Körper: Er versucht z.B. sich zu erinnern, wie es sich angefühlt hat, wenn seine Finger Dinge hielten. Dann stellt er in einem Finger ein unwillkürliches Zucken fest. Nach einer Weile kann er dieses Zucken bewusst auslösen. Dann in mehreren Fingern. Und so weiter. Er entwickelt bestimmte Übungen, die ihm helfen, seine Bewegungen zu koordinieren.

Als er seinen Oberkörper wieder einigermaßen kontrollieren kann, beschließt er, zur weiteren Kräftigung eine mehrwöchige Kanutour zu unternehmen – zu diesem Zeitpunkt kann er noch nicht wieder laufen. Zwei Freunde tragen ihn zum Fluss. In den nächsten Wochen legt Erickson mit seinem Kanu 2.000 km zurück. Anfangs wartet er an den Schleusen so lange, bis ihn jemand weiterträgt, zum Schluss kann er sein Kanu schon wieder selbst tragen.

Zwei Jahre nach seiner Erkrankung beginnt er im Herbst 1920 an der Universität von Wisconsin Medizin zu studieren. Beim Gehen braucht er einen Stock – genau das macht ihn später seinen Patienten so sympathisch.[15]

Menschen in der Wüste brauchen Hoffnung. Milton Erickson hat das erfahren und es als Arzt und Psychiater später anderen weitergegeben: Es gibt immer eine Möglichkeit, die Wüste hinter sich zu lassen. Oder sie zumindest einzudämmen.

Denn das Leben ist nie nur Wüste. Dafür konnte Erickson mit seinem eigenen Leben einstehen. Später, als er sich als Therapeut niedergelassen hatte, kamen viele zu ihm und profitierten von seinen Erfahrungen. Menschen, die in der Wüste waren und nicht mehr weiter wussten.

Es ist keine Schande, in der Wüste zu sagen: Ich weiß nicht mehr, wie ich hier herauskomme. Ich sehe keinen Weg mehr.

Es wäre keine Schande für die Frau aus dem Theaterstück, in die Eheberatung zu gehen und zu sagen: Ich komme nicht mehr weiter mit meinem Mann.

Es wäre auch für ihren Mann keine Schande, mitzugehen und gemeinsam mit einer Psychologin zu überlegen, woher seine Sprachlosigkeit kommt.

Ich bin fest davon überzeugt: Viele Paare müssten nicht auseinandergehen, wenn die Partner vorher Hilfe in Anspruch genommen hätten.

Natürlich geht es da ans Eingemachte. Vielleicht müssen beide nochmal von vorn anfangen. Aber genau das ist die Chance der Wüste: dass sie einen auf den Nullpunkt zurückwirft. Dass du wieder ganz am Anfang

---

15 Nach: Dan Short, Claudia Weinspach (Hgg.), Hoffnung und Resilienz. Therapeutische Strategien von Milton H. Erickson, Heidelberg, 2. Aufl. 2010, 17-20.

stehst. Alles, was dich gehalten und getragen hat, auch deine ganzen Scheinkonstruktionen und Selbsttäuschungen – es ist alles weg.

Ein Rabbi der jüdischen Religionspolizei erleidet einen traumatischen Schock. Zuvor ist er eine angesehene Persönlichkeit, von seinen Kollegen respektiert und gefürchtet von denen, die er zur Strecke bringen will. Doch von einem Moment zum nächsten verliert er sein Augenlicht und ist völlig hilflos. Er muss geführt werden wie ein kleines Kind. Drei Tage und Nächte sitzt er blind in einer Kammer und verweigert jede Nahrung.

Wüste. Nullpunkt.

Wer bin ich?

Warum bin ich da?

Wovon lebe ich?

Was will ich mit meinem Leben (noch) machen?

Drei Tage war Paulus aus Tarsus, der spätere Apostel, blind. Drei Tage Zeit, um sich diesen Fragen zu stellen. Und festzustellen: Was ich bisher gemacht habe, ist eine Sackgasse. Mein Leben führt nicht weiter. Wenn ich so weitermache, verliere ich mich – und Gott dazu.

Den Rest seines Lebens verbringt er damit, für den Glauben zu werben, den er zuvor bekämpft hatte.

Therapeuten würden das heute vielleicht als berufsbedingtes Burn-out bezeichnen. Viele Menschen geraten durch berufliche Überforderung in eine Wüstenerfahrung. Und müssen dann überlegen, ob sie den bisherigen Weg weitergehen können oder einen Neuanfang wagen müssen. Eine schwierige Entscheidung: Es geht ja nicht nur um sie selbst und ihr Ansehen, sondern auch um die Raten fürs Haus, die Ausbildung der Kinder etc.

Aber irgendwann spitzt sich alles auf die elementaren Fragen zu, auf das, was bleibt, wenn die Scheinfragen in sich zusammengefallen sind: Will ich auf dieser Stelle weitermachen und krank werden, oder will ich mir eine andere Stelle suchen und dafür Einbußen in Kauf nehmen? Am Ende läuft es genau darauf zu.

Nullpunkt. Die Wüste erzwingt Antworten. Und das ist gut so. Weil wir uns diesen Fragen unter normalen Umständen nie stellen würden.

Die Wüste erzwingt Antworten und ermöglicht dadurch Neuorientierung.

Meine Frau arbeitet in der Klinikseelsorge. Manche Frauen mit einer Krebsdiagnose sagen: Wenn ich noch einmal nach Hause komme, will ich anders leben. Ich will nicht mehr so viel arbeiten. Ich will mich nicht mehr nur noch treiben und drängen lassen. Ich will mich von meinem Partner trennen, unter dem ich schon Jahrzehnte leide. Ich will bewusster leben.

Wir werden die Wüste nie völlig aus unserem Leben verbannen können. Es gibt immer wieder Wüstenzeiten – wir leben nicht im Paradies.

Heute Morgen war Gottesdienst zum Totensonntag: Menschen zünden Kerzen an für verstorbene Angehörige. Da kommt eine Frau und geht zur Osterkerze. Die Geschichte ihres Lebens steht vor meinen Augen, wen sie alles schon verloren hat, sie weint, und ich bin nahe dran, mitzuweinen.

Wüste, die nicht einfach verschwindet.

Milton Erickson, von dem ich vorhin erzählt habe, wurde immer wieder krank. Mit 52 Jahren erkrankte er an einem Post-Polio-Syndrom: Er war wieder gelähmt und musste wieder von vorn anfangen. Und mit 75 bekam er ein drittes Mal Kinderlähmung in Verbindung mit Muskelschwund und multiplen Schmerzzuständen. Danach war er auf einen Rollstuhl angewiesen und halbseitig im Gesicht gelähmt.

Aber dieser Milton Erickson, einer der wichtigsten Psychiater und Psychotherapeuten des letzten Jahrhunderts, fand immer wieder einen Weg, neu anzufangen. Nicht aufzugeben. Das Positive an seiner Situation zu sehen. Sich von dem zu lösen, was er sich vorgenommen hatte, um an anderer Stelle weiterzumachen.

Die Frau, die heute Morgen an der Osterkerze ein Licht entzündete, kam nicht allein nach vorn. Eine Verwandte führte sie, stützte sie auf dem Weg. In Gemeinschaft lässt sich Wüste besser aushalten.

Gegen die Wüste ankämpfen heißt nicht nur die eigenen Kräfte mobilisieren. Es gibt auch Kräfte von außen, die uns Schutz geben und negative Gedanken eindämmen und stattdessen Hoffnung und Lebensmut wachsen lassen.

In einer bestimmten Region Indiens gibt es viele Tiger. Immer wieder greifen sie Menschen an. Zu ihren häufigsten Opfern gehören Waldarbeiter. Untersuchungen ergaben, dass die Tiger bei allen Angriffen von hinten kamen. Ein Student machte daraufhin den Vorschlag, die Waldarbeiter mit Gesichtsmasken auszurüsten. Das geschah: Kostenlose Masken wurden verteilt. Sie müssen so aufgesetzt werden, dass das Gesicht am Nacken befestigt ist und nach hinten schaut. Innerhalb von drei Jahren wurde kein einziger Maskenträger von einem Tiger atta-ckiert, während schon nach 18 Monaten 29 maskenlose Waldarbeiter von Tigern getötet worden waren.

Masken gegen Tiger, die uns von hinten anspringen: Das können Worte der Bibel sein, die etwas in uns zum Klingen bringen, uns ansprechen und sich als Begleiter anbieten. Unglaublich starke Kräfte, wenn wir sie denn in die Hand nehmen und damit umgehen. Lichtworte, die immer wieder Licht ins Dunkel bringen.

Manche haben ihren Konfirmationsspruch. Ist das eine Kraft, die schützen kann? Oder wäre es gut, selbst die Bi-bel aufzuschlagen und nach Kraftworten zu suchen? Z.B. in den Psalmen? Oder ein gutes Buch, dessen Gedanken aufbauen und Mut machen?

Worte gegen die Wüste, Masken gegen Tiger: Man-chen tut Musik gut. Lieder mit guten Texten, die die Seele berühren. Warum nicht öfter solche Musik hören: beim Autofahren, beim Bügeln oder Abspülen?

Wenn wir Gott keine Instrumente an die Hand geben, durch die er wirken kann: Wie soll er uns denn helfen? Und da bei uns niemand kostenlos Masken gegen Tiger ausgibt, müssen wir sie uns selbst besorgen: Was tut Ih-nen gut, was stärkt Ihr seelisches Immunsystem? Überall werden im Herbst wieder die Mittel zur körperlichen Ab-wehr empfohlen: Aber mindestens genauso wichtig ist unsere innere Abwehr! Die müssen wir stärken. Wir wer-den es sogar an unserem Körper merken.

Die Wüste kann zurückgedrängt werden. An *einer* Stelle in meiner Wüste setze ich einen Baum. Mit dem bisschen Wasser, das ich habe, gieße ich ihn. Im nächsten Jahr werde ich Samen haben, und dann pflanze ich die nächsten Bäume. Und es wird etwas aufgehen, und ich werde dafür dankbar sein.

Gebet

In meiner Wüste rufe ich nach dir.
Wo bist du, mein Gott?
Mir ist, als sei ich schon ewig allein unterwegs,
meine Schritte so schwer,
meine Augen brennen,
verlassen hat mich meine Kraft.

Gib mir von deinem Wasser der Hoffnung,
ich will mich daran satt trinken und daran denken,
wie oft du schon einen Weg für mich gefunden hast,
und will weitergehen
und mein Vertrauen festhalten.
Die Wüste wird blühen, ich glaube es.

Gestaltungstipp

• Präsentation: Motive aus der Wüste: Einöde und Leben (Bäume, Blumen) und zu jeder Folie einen biblischen Spruch, z.B.: Du hast sie in der Wüste nicht verlassen. / Die Wüste wird zum fruchtbaren Land werden. / Es werden Wasser in der Wüste hervorbrechen. / Berge sollen weichen und Hügel hinfallen, aber meine Gnade soll nicht von dir weichen. / Ich mache einen Weg in der Wüste. / Ich will dich nicht verlassen noch von dir weichen.

• »Befiehl du deine Wege« als Lied nach der Predigt.

Gelassen

Einleitung

Viele wären es gern, aber schaffen es nicht. Bei den einen ist es der überquellende Mülleimer, bei anderen sind es die Schuhe der Kinder, die im Weg liegen – um vergleichsweise harmlose Dinge zu nennen. Wie kriegt man es hin, gelassen zu sein, nicht gleich auszurasten und »herumzustressen«? Und wie erst, wenn es um wirklich wichtige Themen geht: was aus den Kindern wird, wie es im Beruf läuft etc.

Gelassen – wer wäre das nicht gern?

Theater

Manuel läuft unruhig auf und ab. Alle paar Sekunden zieht er das Handy aus der Tasche und schaut darauf.

Manuel: *(schaut wieder aufs Handy)* Das gibt's doch nicht! Immer noch keine Nachricht! Vor 'ner halben Stunde hab ich ihr geschrieben – und nichts! Wenn ihr 'ne Freundin was schickt, dann geht's *(macht mit den Daumen schnelle Tippbewegungen)* zack-zack zurück. Aber bei mir ...! *(schiebt das Handy in die Tasche, tigert weiter auf und ab)* Vielleicht hat sie ja auch kein Netz und hat meine Nachricht gar nicht gekriegt. Halt: *(zieht das Handy heraus und guckt konzentriert darauf)* Da sind ganz klar zwei Haken dran. Also hat sie meine sms gekriegt. *(schiebt das Handy zurück, geht weiter, bleibt dann abrupt stehen)* Ich ruf sie jetzt an! *(zieht das Handy hervor und wählt)* Hi! ... Wo bist du? ... Ich glaub schon, dass mich das was angeht. ... Du bist noch keine achtzehn! ... Aber ich bin für dich verantwortlich! ... Ich will nicht dein Leben leben, aber ich kann nicht zulassen, dass ... Natürlich mach ich mir Sorgen! ... Eben, weil ich ihn nicht kenne! Aber gehört hab ich schon genug! ... Ich möchte, dass du heut Nacht zuhause bist. ... Natürlich kann ich das! Du bist meine Tochter, und ich werde nicht zulassen, dass du mit dem ... Hallo? *(schaut das Handy an)* Aufgelegt. *(wählt nochmal)* Weggedrückt! Scheiße!

Sibylle kommt herein und sieht ihren aufgebrachten Mann.

Sibylle: Was ist denn mit dir los? Seit wann führst du Selbstgespräche?

Manuel: Ich hab Jana angerufen.

Sibylle: Ja?

Manuel: Sie hat gleich total zugemacht.

Sibylle: Was hast du denn gesagt?

Manuel: *(entrüstet)* Entschuldigung, *ich* bin nicht schuld dran, dass sie aufgelegt hat. *(ruhiger)* Ich hab gesagt, ich will, dass sie heut Nacht zuhause ist.

Sibylle: Und?

Manuel: Nichts »und«! Da geht nichts. Ich komme einfach nicht an sie ran. Sie blockt alles ab. Was wir sagen, ist von vornherein nichts, alte Leute, anderes Jahrtausend, vom Leben keine Ahnung ... Lässt dich das völlig kalt?

Sibylle: Nur weil ich nicht so ausflippe wie du?

Manuel: Ich kann einfach nicht zusehen, wie sie solche Dummheiten macht! Es geht doch um ihre Zukunft! Bei ihrem letzten Typ hat sie rein gar nichts mehr für die Schule gemacht. Und jetzt: Am Ende sitzt sie mit einem Kind da, und ihr schöner Hugo ... auf und davon. Sie muss es doch ausbaden! *(leiser)* Und *wir* ...

Sibylle: Glaubst du im Ernst, dass du das aufhalten könntest?

Manuel: Ich will's auf jeden Fall versuchen! Stell dir mal vor, in zwanzig Jahren steht sie vor uns und sagt: »Warum habt ihr mich damals nicht davon abgehalten?« Was soll ich ihr dann sagen?! Das geht mir jede Nacht durch den Kopf. Da werde ich verrückt!

Sibylle: Bist du sicher, dass es dir nur um Jana geht? Ich hab das Gefühl, in erster Linie willst du eine weiße Weste haben. Dir willst nichts falsch machen, damit du dir später nichts vorwerfen musst.

Manuel: Das find ich jetzt den Hammer! Ich mach mir Sorgen um unsere Tochter, und du stellst mich als Ego hin?!

Sibylle: Hast du dir schon mal überlegt, dass es unseren Eltern mit uns vielleicht genauso gegangen ist? Ich kann mich da noch an einige Szenen erinnern ...

Manuel: Aber das lief doch in ganz anderen Bahnen bei uns ...

Sibylle: Schön! Aber konnten das deine Eltern vorher wissen?!

Manuel: Sie haben aber gewusst, dass sie sich auf ihren Sohn verlassen können.

Sibylle: Und warum kannst du dich nicht auf deine Tochter verlassen?

Predigt

Unter den Perlen des Glaubens gibt es die blaue Perle der Gelassenheit. Eine große Perle: Gelassen zu sein ist ja auch eine große Aufgabe. Denn Gelassenheit hat mit Vertrauen zu tun. Und mit meinen Prioritäten. Wenn mir was wichtig ist, fällt es mir schwer, bei diesem Thema gelassen zu bleiben. In Dingen, die andere betreffen, kann ich gut ganz gelassen sein!

Drüben auf der anderen Straßenseite ist eine Schneelawine vom Dach abgegangen und hat ein Auto demoliert. Da bin ich total locker: Unser Auto steht immer im Carport. Bis mir meine Frau sagt, dass sie gestern Abend ausnahmsweise dort geparkt hat!

Gibt's bei der Gelassenheit Unterschiede zwischen Frauen und Männern? Im Vorbereitungsteam war die Mehrheit der Meinung, dass es normalerweise genau andersherum läuft als in dem Stück: Frauen sind eher im Beruf gelassen und weniger in der Familie. Männer sind eher in der Familie gelassen und weniger im Beruf.

Oder ist das ein Klischee? Wer ist denn der Meinung, dass es so ist? Ich bitte mal um Handzeichen ...

Abgeklärtheit, Bedacht, Bedachtsamkeit, Beherrschung, Beschaulichkeit, Besinnlichkeit, Besonnenheit, Dickfelligkeit, Fassung, Gelassenheit, Geduld, Gefasstheit, Gemütsruhe, Gleichgewicht, Gleichmut, Kaltblütigkeit, Kühle, Langmut, Mäßigung, Muße, Ruhe, Seelenruhe, Selbstbeherrschung, Stille, Stoizismus, Überlegenheit, Umsicht, Zurückhaltung

Gelassen

Gelassenheit kommt nicht durch einmal Schnipsen mit den Fingern. Es kann ein langer Weg sein, oft ist er auch mit Frust und Resignation gepflastert:

Manche jungen Eltern machen sich Stress: »Das Kind von Simone aus der Krabbelgruppe ist jünger als meins und läuft schon seit acht Wochen; und meins zieht sich noch nicht mal hoch! Ist das in Ordnung? Kann man das irgendwie unterstützen? Ich mach mir langsam echt Sorgen!«

Und o Frust: Alles Bemühen bringt nichts! Manche Kinder wollen das Robben und Rollen halt noch eine Weile genießen – immerhin können sie das später ja nicht mehr (stellen Sie sich mal vor, ich wäre heute Abend hier hereingerobbt) ... Aber irgendwann steht dieses Kind am Türrahmen – und niemand hat gesehen, wie es zum ersten Mal in seinem Leben aufgestanden ist, und schon gar nicht hat es jemand gefilmt dabei!

Wenn das zweite Kind kommt, gehen die Eltern schon viel gelassener damit um – vielleicht auch deshalb, weil *zwei* Kinder, die laufen, viel stressiger sind als eines!

Oder dann gibt es die Situation ein paar Jahre später, gegen Ende der Grundschule, aber es fängt heute schon in der dritten Klasse an oder noch früher: »Mein Kind soll aufs Gymnasium! Alles andere hat heute eh keine Zukunft mehr. Im Moment tut es sich zwar noch etwas schwer mit der Schule, aber das wird sich schon geben: Wenn ich jeden Tag zwei Stunden mit ihm lerne, dann klappt das schon. Die Klassenlehrerin ist zwar für die Realschule, aber die hat leicht reden, die hat ja noch keine Kinder!«

Und dann nützen alles Lernen und Schieben und alle Geschenke nichts, am Ende ist es zu offensichtlich (früher gab's hier noch die verpflichtende Grundschulempfehlung), und das Kind geht unter Zähneknirschen der Eltern auf die Realschule. Und fühlt sich wohl dort! Bringt gute bis sehr gute Noten nach Hause, macht einen glänzenden Abschluss, und natürlich geht's dann weiter mit Schule, Abi und Studium ...

Vielleicht ist ja noch eine jüngere Schwester oder ein jüngerer Bruder da, die dann gelassenere Eltern erleben.

Manchmal führt der Weg zu mehr Gelassenheit über Frust und Resignation. Eigentlich hatte ich es mir so vorgestellt: direkt von A nach B. Aber dann habe ich die Erfahrung gemacht, dass ich es nicht steuern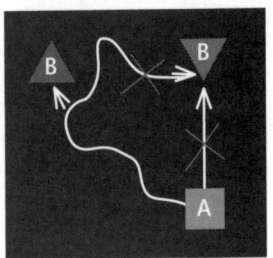

konnte; und trotzdem ist es gut geworden – auf einem anderen Weg, als ich gedacht hatte, aber am Schluss hat es gepasst.

Und manchmal gibt es auch diese Erfahrung, dass am Ende etwas ganz anderes herauskommt. Das Ziel, das ich im Kopf hatte und für das ich gekämpft hatte – es passt nicht. Nicht zu dieser Situation. Nicht zu diesem Menschen.

Das Kind, das auf die Realschule geht, beginnt eine Ausbildung und wird in seinem Beruf glücklich und erfolgreich. Es ist an einem anderen Ziel herausgekommen, als die Eltern geplant hatten. Und es war gut so. Es hätte gar nicht anders sein dürfen!

Was machen wir uns Sorgen! Haben schlaflose Nächte! Streiten miteinander! Nur weil wir Kontroll-Freaks sind: jederzeit alles im Griff haben wollen!

Wer sind wir, dass wir meinen, es läge alles in unserer Hand! Und woher wissen wir so genau, was für uns gut ist?

Jesus erzählt mal ein Gleichnis:

»Mit der neuen Welt Gottes ist es wie mit dem Bauern und seiner Saat: Hat er gesät, so geht er nach Hause, legt sich nachts schlafen, steht morgens wieder auf – und das viele Tage lang. Inzwischen geht die Saat auf und wächst; der Bauer weiß nicht wie. Ganz von selbst lässt der Boden die Pflanzen wachsen und Frucht bringen. Zuerst kommen die Halme, dann bilden sich die Ähren, und schließlich füllen sie sich mit Körnern. Sobald das Korn reif ist, schickt der Bauer die Schnitter, denn es ist Zeit zum Ernten.« (Mk 4,26-29)

Zunächst klingt Gelassenheit nach Passivität, Lethargie, Untätigkeit, Wurstigkeit. Aber dieser Bauer hat nichts davon: Er arbeitet den ganzen Tag. Erst abends geht er nach Hause. Er macht Pause – gute alte Zeit: Heute müssen Landwirte nach der Arbeit noch eine Stunde an den PC, um den ganzen Bürokratiekram zu erledigen; die Erträge waren damals allerdings auch ein bisschen anders! Dieser Landwirt legt sich hin. Schließt die Augen. Und schläft. Die Welt dreht sich weiter, ganz ohne ihn (okay, ohne ihn nicht, aber ohne dass er was tut) – und die Saat geht auf, ganz ohne ihn.

Warum kann er das tun? Warum kann er ... *nichts* tun?

Weil er weiß: Ich habe getan, was ich konnte. Jetzt kommt eine andere Kraft ins Spiel. Die ist viel stärker als ich. Und diese Kraft wird das Samenkorn aus der Erde bringen.

Das Wesentliche kommt von selbst. Im griechischen Urtext des Neuen Testaments steht da »automáte« – automatisch, von selbst. Diese Kraft, die da »von selbst« wirkt, ist die Schöpferkraft Gottes: Sie lässt Leben aufgehen und wachsen und reifen. Gelassenheit ist Vertrauen auf diese Kraft.

Und so mache ich mir klar:
Ich kann nicht alles »machen«.
Ich bin nicht für alles verantwortlich.

Ich lasse etwas sein.
Ich lasse etwas zu.
Ich lasse etwas geschehen.

Es ist viel leichter, etwas aus der Hand zu geben, wenn ich es einem anderen geben kann, wo es gut aufgehoben ist.

Es kann sein, dass ich auf einem anderen Weg zum Ziel komme. Oder ich komme am Ende anderswo heraus. Vielleicht brauche ich Jahre dafür, das zu akzeptieren. Aber ich will immer wieder versuchen, loszulassen und abzugeben.

Es wäre schön, wenn diejenigen, die schon solche Erfahrungen gemacht haben, nachher noch davon erzählen und wir uns gegenseitig Mut machen zu mehr Gelassenheit.

Warum ist die Perle der Gelassenheit blau? Mich erinnert sie an den großen, weiten Himmel. Und an den, »der Wolken, Luft und Winden gibt Wege, Lauf und Bahn«; an den, der auch Wege finden wird, wo *dein* Fuß gehen kann (Paul Gerhardt, EG 361).

Gebet

Gott, gib mir die Gelassenheit,
Dinge hinzunehmen,
die ich nicht ändern kann,
den Mut,
Dinge zu ändern,
die ich ändern kann,
und die Weisheit,
das eine vom anderen zu unterscheiden.[16]

---

16 Nach dem US-Theologen Reinhold Niebuhr.

Gestaltungstipp

- Der Abend stand in einer Reihe von Gottesdiensten über die Perlen des Glaubens. Eine kurze Einführung zu den Perlen wäre denkbar, verbunden mit der Möglichkeit, Perlenarmbänder nach dem Gottesdienst zu erwerben.

- Folie(n) zum Wortfeld »Gelassenheit« und/oder zum Thema »Umwege« (s. Text).

ICH.
Gibt es gesunden Egoismus?

Einleitung

Kann Egoismus gesund sein? Klingt das nicht wie »einfühlsamer Dieter Bohlen«? Aber vielleicht liegt genau darin das Problem: dass wir sofort an Egoismus denken, wenn jemand seine Rechte einfordert. Tun wir das nicht selbst auch?

ICH – das Thema für heute. Das DU und WIR kommt dann automatisch dazu, aber wir beginnen heute ganz bewusst mit dem ICH.

Theater
Zwei Freundinnen sitzen beim Kaffee.

Silvia: Das ist ja schön, dass wir mal wieder Zeit für einen Kaffee haben!

Sibylle: Ich hab mich auch schon richtig gefreut darauf. *(schenkt Silvia ein)*

Silvia: Für dich war's ja wohl sehr eng in letzter Zeit.

Sibylle: Das kannst du laut sagen. Ich hab schon gedacht, ich komm gar nicht mehr aus der Mühle raus.

Silvia: *(entdeckt Babyphon auf dem Tisch)* Oh ...

Sibylle: Ah, ja. Ich hab Glück, sie schläft gerade. Ich leg sie mittags immer hin, und dann schläft sie manchmal zwei Stunden.

Silvia: *(schaut fragend auf das Babyphon)*

Sibylle: Ach so, du meinst das: In letzter Zeit ist sie oft unruhig und schreit. Neulich hab ich's nicht gleich mitgekriegt, da ist sie aus dem Bett gefallen. Als ich reinkam, lag sie schon 'ne ganze Weile auf dem Boden und war kalt.

Silvia: Du machst viel für deine Mutter.

Sibylle: *(lacht gequält)* Früher war ich für meine Kinder da, jetzt für meine Mutter.

Silvia: Mit dem Unterschied, dass jetzt ...

Sibylle: ... alles bergab geht statt aufwärts – ich weiß, was du sagen willst. Ja, man braucht viel mehr innere Kraft. Ich komme mir manchmal wie im Vorzimmer des Todes vor.

Silvia: Ich wollte eigentlich sagen, dass du jetzt auch älter bist als früher, als du deine Kinder hattest.

Sibylle: Das auch ...

Pause

Silvia: Hör mal, ich hab dir was mitgebracht *(zieht zwei Karten aus ihrer Tasche)*. Ich hab von der Firma zwei Freikarten gekriegt für das Pink-Floyd-Konzert in Karlsruhe *(wedelt mit den Karten herum)*. Kommst du mit?

Sibylle: Pink Floyd? Klar, sofort ... halt ... ich kann nicht.

Silvia: Wegen deiner Mutter?

Sibylle: *(nickt und kämpft mit den Tränen)*

Silvia: Ich frag deinen Mann, ob er ...

Sibylle: Nein, lass, der muss mir schon genug abnehmen! Dem kann ich nicht noch mehr zumuten.

Silvia: Schade. *(Pause)* Wann warst du eigentlich das letzte Mal in Urlaub?

Sibylle: Urlaub – soll das ein Witz sein? Soll ich meine Mutter vielleicht totschlagen?

Silvia: Sag mal, glaubst du wirklich, du bist die Einzige, der es so geht? Es gibt doch heute Möglichkeiten, jemanden für ein paar Wochen wegzugeben.

Sibylle: Kurzzeitpflege, meinst du?

Silvia: Ja. Das wäre genau das Richtige für dich. Hast du noch nie daran gedacht?

Sibylle: Daran gedacht schon. Aber ...

Silvia: Was »aber«? Warum denn nicht?

Sibylle: Meine Mutter würde das nicht verkraften. Weißt du, wenn sie dement wäre und nichts mehr mitbekommen würde. Aber sie ist geistig noch ziemlich auf der Höhe. Zwei Wochen in einer fremden Umgebung – das packt sie nicht!

Silvia: Du bist vielleicht gut! Wenn sie ins Krankenhaus müsste, wäre sie doch auch weg!

Sibylle: Schon, aber dann würde ich sie jeden Tag besuchen.

Silvia: Sibylle, ich muss dir jetzt was sagen, was nicht nett ist. Aber hast du in letzter Zeit mal in den

Spiegel geschaut? Ringe unter den Augen, deine Haut ist aschfahl, und dein Blick hat so was Trauriges ... du bist einfach fertig.

Sibylle: *(unter Tränen)* Ich weiß.

Silvia: Du musst dringend mal was für dich tun. Du bist doch auch noch wer!

Sibylle: Und wenn sie stirbt, wenn ich fort bin? Das könnte ich mir nie verzeihen!

Silvia: Und wenn du zusammenbrichst, muss sie für immer ins Heim. Du musst jetzt auch an dich denken!

Predigt

Das Doppelgebot der Liebe – ein Dreifachgebot

Religionsstunde in der 3. Klasse Grundschule. Ich schreibe das Doppelgebot der Liebe an die Tafel: »Du sollst den Herrn, deinen Gott, lieben von ganzem Herzen, von ganzer Seele, von allen Kräften und von ganzem Gemüt, und deinen Nächsten wie dich selbst.«

Und dann sage ich zu meinen Schülern: »Jetzt habe ich noch eine schwierige Frage für euch. Der Name ›Doppelgebot‹ ist nicht ganz richtig. Wie müsste es eigentlich heißen?« Einer kam drauf!

»Dreifachgebot der Liebe« müsste es heißen.

Du sollst Gott lieben und deinen Nächsten wie *dich selbst.*

Wenn du den Nächsten lieben sollst wie dich selbst – dann auch dich selbst, oder?

Selbstliebe – ein Missverständnis?

Ich weiß noch, wie ich als Jugendlicher das erste Mal darauf stieß: Nicht, nur Gottes- und Nächstenliebe sind wichtig, sondern auch Selbstliebe. Ich soll auch für mich selbst sorgen. Nicht, dass ich das nicht getan hätte. Und trotzdem war meine erste Reaktion: Das kann nicht sein, dass Selbstliebe etwas Gutes ist. Das ist wieder so eine typisch moderne Interpretation. Da wird etwas in die Bibel hineingelesen, was gar nicht drinsteht. Sich selbst lieben, an sich denken, für sich sorgen – das widerspricht doch allem, was der christliche Glaube sagt.

Hat Jesus für sich gesorgt?

Jesus zum Beispiel. Hat der denn für sich selbst gesorgt? Der war doch immer nur für andere da! Was meinen Sie?

(Murmelpause; Voten abrufen)

Hat Jesus für sich selbst gesorgt? Nein: Er hat sein Leben Gott ganz in die Hände gelegt. Er hat darauf verzichtet, seine eigenen Wünsche zu verwirklichen – sonst wäre er nicht ans Kreuz gegangen.

Es ist ihm nicht leichtgefallen, aber er hat sich dazu durchgerungen. Im Garten Gethsemane kämpft er um sein Leben, hat den Tod schon vor Augen. Er weiß, was kommt, und er will nicht sterben. Aber er will auch seine Berufung nicht aufgeben. Und er ringt mit Gott, und am Ende sagt er: »Nicht was ich will, sondern was du willst« (Mk 14,36) – so spricht kein Egoist!

Und zu seinen Nachfolgern hat er einmal gesagt:

»Wer mein Jünger sein will, der verleugne sich selbst, nehme sein Kreuz auf sich und folge mir nach. Denn wer sein Leben retten will, wird es verlieren; wer aber sein Leben um meinetwillen verliert, wird es gewinnen.« (Mt 16,24f.)

Sein Ich verlieren, um es neu zu finden – das klingt nicht gerade nach Für-sich-selbst-Sorgen ... wer denkt immer noch, dass Jesus für sich selbst gesorgt hat?

Andererseits: Jesus nimmt sich Auszeiten. Er weiß, was er braucht. Er lässt seine Jünger im Stich und zieht sich zurück. Bleibt eine Weile allein. Einmal fahren seine Jünger nachts ohne ihn über den See Genezareth. Sie geraten in einen Sturm und kommen in Seenot. Jesus überlässt sie sich selbst. Er ist nicht rund um die Uhr für seine Jünger da. Er weiß: Was er tun muss, kann er nur tun, wenn er den Kontakt zur inneren Quelle hat, wenn er Gottes Nähe spürt – deshalb sucht er die Stille. Jesus tut das, was ihm guttut.

Immer wieder wird in den Evangelien davon erzählt, dass Jesus sich eine Auszeit zum Beten nimmt. Und immer wieder kommen die Jünger damit nicht klar, bauen Mist in dieser Zeit – aber es geht nicht anders. Jesus braucht diese Zeit für sich, damit er danach wieder ganz bei den anderen sein kann.

Wer will besser sein als Jesus?

Stecken wir nicht in ganz anderen Interessenskonflikten?

Aber sind wir nicht in einer ganz anderen Lage als Jesus?

Gut, er war für die Jünger verantwortlich. Aber sonst?

Was ist mit unseren Interessenskonflikten, in denen wir stecken?

- Der Mann, der die ganze Woche beruflich stark eingespannt ist und jeden Samstag dann mit seinen Kum-
peln loszieht. Zu seiner Frau sagt er: »Ich brauch das
einfach für mich als Ausgleich!« Aber sie leidet darunter. Sie möchte auch gern mit ihrem Mann zusammen
sein, und die Kinder sind ja auch noch da, ganz zu
schweigen von der Hausarbeit.

- Das junge Paar, das seit zwei Jahren in einer Fernbezie-
hung lebt. Sie möchten so gern zusammenziehen. Einer
von ihnen müsste dafür seine Arbeitsstelle aufgeben.
Aber keiner kann es sich vorstellen, obwohl beide wissen: Lange hält das unsere Beziehung nicht mehr aus.

- Und schließlich die Frau, die ihre Mutter pflegt und
völlig am Ende ist mit ihren Kräften. Aber sie kann die
Mutter noch nicht einmal für eine Woche weggeben.
Was ist, wenn sie in dieser Zeit stirbt?

Ist es egoistisch, wenn der Ehemann mit seinen Kumpels
abhängt? Ist es egoistisch, wenn die junge Frau ihren
Arbeitsplatz behalten will? Wäre es egoistisch, die alte
Mutter in die Kurzzeitpflege zu geben?

Da geht es um handfeste Interessenskonflikte. Wer
setzt sich durch und wird am Ende für sich gesorgt haben? Wer bleibt auf der Strecke?

Was heißt es, für sich zu sorgen?

Was heißt es, unter diesen Umständen für sich zu sorgen?
Wichtig finde ich zunächst:
Ich muss eigene Bedürfnisse zulassen. Es bringt nichts,
sie zu leugnen und mir einzureden, dass ich ohne Pro-

bleme auf dieses oder jenes verzichten kann.

Für mich in meinem Beruf ist es z.B. wichtig, mich zu bewegen. Ich sitze viel am Schreibtisch. Es bringt nichts mir einzureden: Das ist schon in Ordnung. Mein Körper fordert Bewegung. Dieses Bedürfnis darf ich zulassen.

Das Nächste:

Ich muss über meine Bedürfnisse sprechen. Meistens ist ein Gegenüber da, das es betrifft, ob ich meinen Bedürfnissen nachkomme oder nicht. Ich muss mit meiner Frau darüber reden und auch auf ihre Bedürfnisse hören. Es kann nicht sein, dass nur ich Bedürfnisse haben darf, mein Gegenüber nicht. Nach dem Motto: Es gibt doch nichts Befriedigenderes für eine Frau, als nur für ihren Mann da zu sein. Wir müssen über unsere Bedürfnisse sprechen.

Und drittens:

Wir müssen sehen, wie wir es geregelt bekommen. Und am Ende werden wir eine Vereinbarung treffen, damit wir nicht jedes Mal wieder neu kämpfen müssen.

Vielleicht probeweise für eine bestimmte Zeit. Schauen, wie es läuft. Dann vielleicht nochmal korrigieren.

Vielleicht läuft es auch auf einen Kompromiss hinaus. Vielleicht wird der Ehemann mit seinen Kumpels künftig nur noch jedes zweite Wochenende losziehen.

Vielleicht wird das junge Paar sich einen neuen Arbeitsplatz für beide suchen – an einem dritten Ort. Vielleicht wird auch einer der beiden nachgeben und zum anderen ziehen. Und sagen: Dieses Mal bin ich dir entgegengekommen – beim nächsten Mal wünsche ich es mir andersherum.

Für andere verzichten

Es ist eine große Stärke von Menschen, zugunsten eines anderen zu verzichten. Ohne dass Menschen auf eigene Bedürfnisse verzichten – zumindest zeitweise –, gäbe es keine Familien, keine Gemeinschaft, keine Gesellschaft. Eine Mutter, die für ihr Baby auf Schlaf verzichtet. Ein alter Mann, der seine Frau pflegt, die krank und dement ist.

Das bleibt nicht in den Kleidern hängen. Es ist wie bei einer Kerze: Sie spendet anderen Licht und Wärme um den Preis, dass sie sich selbst dabei verzehrt. Aber soll die Kerze deshalb sagen: Ich brenne nicht, weil ich mich damit selbst aufzehre? Damit würde sie ihre ganze Existenz verraten.

Ich lebe nicht nur für mich, ich lebe auch für andere. Ich kann ihnen etwas geben und freue mich daran. Meine Kräfte werden gebraucht und aufgebraucht, aber dafür habe ich sie. Ich will anderen Licht und Wärme spenden.

Wer zu sehr für sich sorgt, sorgt nicht für sich

Und trotzdem kann es z.B. in einer gleichwertigen Beziehung nicht sein, dass einer ständig auf Kosten des anderen für sich sorgt. Das ist Egoismus.

Wenn einer immer nur gewinnt und einer immer nur verliert, können beide zusammen nicht gewinnen!

Männer sind da vielleicht gefährdeter als Frauen.

Wenn jemand ständig nur für sich selbst sorgen muss, dann ist etwas faul. Er kümmert sich ständig um seine Bedürfnisse, und trotzdem kommt er nicht zur Ruhe. Da stimmt dann etwas in der Tiefe nicht.

»Egoismus entsteht aus Mangel an Selbstliebe.« Das ist

ein Satz, über den es sich nachzudenken lohnt. Eigentlich denkt man, Egoismus sei zu viel Selbstliebe. Aber Egoismus als zu wenig Selbstliebe? Dabei liegt es auf der Hand: Wenn ich mich nicht annehmen kann und mit mir und meinem Leben nicht im Reinen bin, muss ich immer mehr und mehr für mich einfordern. Ohne dass ich dadurch zufriedener werde. Ich sehe immer neue Bedürfnisse und jage ihnen nach – aber das Glück enteilt mir.

In so einer Situation die Bedürfnisse des anderen sehen und auf sie eingehen – das ist die beste Therapie.

Ich kann nicht immer für mich sorgen, aber immer wieder
Und jetzt für die anderen, die zu wenig für sich sorgen und Skrupel haben, wenn sie sich doch mal was Gutes tun:

Nicht immer kann ich so für mich sorgen, wie es gut wäre. Es gibt Belastungen, die kann ich nicht einfach abstreifen. Da muss ich durch. Aber keine Belastung dauert ewig. Wenn sie weg ist, dann muss ich für mich sorgen.

Ich kann nicht dauerhaft über meine Verhältnisse leben. Wenn ich es doch tue, werde ich früher oder später krank: mein Körper, meine Seele – oder beide.

Vielleicht tut es mir gut, eine Zeit lang kürzer zu treten. An meine Seele zu denken, die viel an Spannung aushalten musste. Oder ich muss mich um meinen Körper kümmern, der stark beansprucht war.

Das alles darf sein. Denn auch ich bin wichtig.

Gebet

Ich bin wichtig.
Ich bin etwas wert.

Ich habe ein Recht, da zu sein.
Die anderen haben ein Recht.
Aber auch ich habe ein Recht.
Ich darf »ich« sagen.
Vor dir, Gott.
Vor anderen.
Vor mir selbst.

Gestaltungstipp

- Verbindung zu den »Perlen des Glaubens« herstellen: die kleine weiße Ich-Perle, flankiert von der Taufperle und einer Perle der Stille.

Das Kreuz mit dem Kreuz

Einleitung

Es gibt manche Dinge, bei denen man sich darüber streiten kann, ob sie unbedingt zum christlichen Glauben gehören. Eines aber gehört in jedem Fall dazu: das Kreuz. Von Anfang an hat es irritiert und provoziert. Am Kreuz hat sich für viele entschieden, ob sie mit dem christlichen Glauben etwas anfangen können oder nicht. Das war bei Juden, Griechen und Römern so, und das ist bis heute so geblieben. Das Kreuz ist hart und sperrig. Man muss erst einen Weg gehen, um mit dem Apostel Paulus sagen zu können: Für uns ist das Kreuz Kraft Gottes. (1 Kor 1,18)

Theater
Zwei Freundinnen sitzen beim Kaffee.

Kerstin: Hast du eigentlich schon ein Geschenk für Lena?

Marion: Geschenk?! Du bist gut! Wir zahlen doch schon das ganze Fest! Wenn ich das mal überschlage, mit dem Essengehen – Kaffee machen wir ja eh bei uns daheim –, das sind locker 1.000,– EUR. Das habe ich der Dame auch schon gesagt. Ich hab gesagt: »Lena, du musst verstehen, wenn wir deine Konfirmation bezahlen, können wir dir nicht noch ein Riesengeschenk machen.«

Kerstin: Und wie hat sie reagiert?

Marion: Das ist kein Problem für sie. Von der Verwandtschaft kriegt sie so viel, dass sie sich ihren Laptop kaufen kann – alles andere ist ihr egal ... Aber eine Kleinigkeit kriegt sie von uns natürlich schon. Willst du's mal sehen?

Kerstin: Klar! Du kennst mich, ich bin neugierig.

Marion: Okay, dann zeig ich's dir. Aber Lena hat's noch nicht gesehen, also kein Wort!

Kerstin: Großes Ehrenwort.

(Marion steht auf, holt ein winziges Schmucketui, macht es auf und schiebt es Kerstin hin.)

Kerstin: *(höflich bemüht)* Eine Halskette mit Kreuzanhänger ...

Marion: Sie gefällt dir nicht?

Kerstin: Hört man mir das an? Marion, ich will dir wirklich nicht zu nahe treten ...

Marion: Wie lange sind wir jetzt Freundinnen? Jetzt sag schon!

Kerstin: Die Kette finde ich total schön. Aber mit einem Kreuz als Anhänger tu ich mich einfach schwer.

Marion: Hast du nie sowas getragen?

Kerstin: Doch, klar, früher schon. Aber dann fand ich's eines Tages auf einmal komisch. Du hängst dir ja auch keinen Elektrischen Stuhl um den Hals, oder?

Marion: Wie bitte?!

Kerstin: Na ja, das Kreuz ist doch ein Hinrichtungsinstrument. Dann könnte ich mir ja genauso gut einen Galgen oder einen Elektrischen Stuhl um den Hals baumeln lassen.

Marion: Ehrlich gesagt, das finde ich etwas abgedreht. Für mich war ein Kreuz immer ein Schmuckstück, sonst nichts.

Kerstin: Und wenn du in einer Kirche bist und dann das Kreuz am Altar siehst mit Jesus dran, und du denkst: Dasselbe habe ich um den Hals hängen – macht dir das nichts aus?

Marion: Nee, ich denke höchstens, es bringt mir Glück. – Ich hab so ein Kreuz damals von meinen Eltern gekriegt, und meine Mutter damals, soviel ich weiß, von ihrer. Das ist bei uns schon ein Stück Familientradition. Das kann ich schon meiner Mutter nicht antun, dass ich Lena was anderes schenke ...

Kerstin: Vielleicht liegt's auch daran, wie ich erzogen worden bin. Ich finde es einfach schrecklich, immer dieses Leid vor Augen oder um den Hals zu haben, und dann immer zu denken: Ja, wegen dir haben sie den damals an dieses Kreuz genagelt, und dann sollst du noch darüber nachdenken und deine Sünden bereuen und all so'n Zeug ...

Marion: Entschuldigung, aber was hast du damit zu tun, dass sie vor 2.000 Jahren einen gekreuzigt haben?!

Kerstin: Da ist wohl vieles an dir vorübergegangen ...
Diese ganze Geschichte mit der Sünde. Dass jeder von uns mitschuldig ist an seinem Tod und dass uns sein Tod dann wieder davon erlöst ... Als ich Jugendliche war, hat mich das ziemlich geprägt, und ich habe auch danach gelebt, aber als ich dann älter war, kam mir das so mies vor, den Leuten immer zu sagen: Ihr müsst den Kopf einziehen, ihr müsst eure Sünden bekennen usw.

Marion: Aber das ist doch schon Jahre her. Das hast du doch schon längst hinter dir gelassen.

Kerstin: Ja und nein. Es ist schon noch was da, und ich merke, wie mich das Kreuz nach wie vor stark anspricht. Nicht mehr so, dass ich den Kopf einziehe. Anders. Aber mir fehlt irgendwie noch ein neuer Zugang.

Predigt

»Nun, was du, Herr, erduldet, ist alles meine Last; ich hab es selbst verschuldet, was du getragen hast.« So heißt es in einem Passionslied (EG 85,4). Was würden Menschen auf der Straße zu diesem Passionslied sagen?

»Das ist doch abwegig, verkorkst, krank ... nur was für Masochisten – oder Sadisten!«

»Was haben wir mit einem Justizmord zu tun, der vor 2.000 Jahren passiert ist?«

Aber wie war es damals? Was ist überhaupt passiert? Und wer war hineinverwickelt in diese Tragödie, die mit dem gewaltsamen Tod eines Menschen endete?

Wer war schuld an Jesu Tod?

Vielen fällt Judas ein: der Verräter, der Falsche, der ewige Bösewicht. Für 30 Silberlinge verrät er Jesus an die jüdischen Autoritäten – das ist sein »Judaslohn«.

Heutige Bibelausleger sehen Judas meist anders: Judas – sagen sie – wollte Jesus ausliefern, um ihn zum Handeln zu zwingen. Damit Jesus endlich seine Macht einsetzt. Das Böse besiegt und dem Guten endlich zum Durchbruch verhilft.

Judas – sagen sie – wollte das Gute herbeizwingen; aber das Gegenteil hat er bewirkt: Denn Jesus hat auf seine Macht verzichtet und ist in den Tod gegangen.

Da will einer mit Gewalt das Gute durchsetzen – aber der Schuss geht nach hinten los.

Am 4. September 2009 wurden in der Nähe der afghanischen Stadt Kunduz zwei Tanklastzüge von US-Kampfflugzeugen bombardiert. Der deutsche Oberst Georg Klein hatte den Befehl dazu gegeben. Er wollte vermeiden, dass die Taliban die Tanklaster möglicherweise vor dem deutschen Lager in die Luft jagen. Über 100 Frauen, Männer und Kinder wurden dabei getötet.

Wie lebt dieser Mann damit?

Wer war schuld an Jesu Tod?

Als Jesus im Garten Gethsemane verhaftet wird, rennen alle Jünger davon. Drei Jahre sind sie mit ihm gegangen, waren Tag und Nacht bei ihm, haben von ihm gelernt, ihrem Rabbi, ihrem Lehrer und Meister. Jetzt rennen sie wie die Hasen und lassen Jesus im Stich, statt für ihn zu kämpfen.

Und Petrus? Der Jünger mit der großen Klappe. »Ich werde dich nie verlassen, und wenn ich mit dir sterben müsste« – so weit hatte er sich aus dem Fenster gelehnt. Er folgt Jesus zwar noch in den Palast des Hohenpriesters. Aber als ihm dort jemand ins Gesicht sagt: »Du warst doch auch bei diesem Jesus – ich kenne dich«, da brennen bei ihm alle Sicherungen durch. Und die Angst ums nackte Leben bricht durch. »Ich schwöre bei Gott – ich habe diesen Mann noch nie gesehen!«

Das kommt mir irgendwie bekannt vor: bei der ersten Schwierigkeit einknicken und klein beigeben. Ich habe tolle Vorsätze, wie ich leben will, woran ich mich halten will, wie der Glaube mein Leben bestimmen und prägen soll – und sobald es schwierig wird, stelle ich alles in Frage: Kann ich mich wirklich auf Gott verlassen? Bilde ich mir das mit dem Glauben nicht nur ein? Ist da tatsächlich jemand, der meine Gebete hört?

Wer war schuld an Jesu Tod?

Kaiphas, der jüdische Hohepriester, hat Jesus zum Tod verurteilt. Im Hohen Rat hatte er gesagt: »Ist doch besser, wenn einer stirbt, als wenn alle dran glauben müssen.« (Joh 11,50 Volxbibel)

Güterabwägung nennt man das, Prioritäten setzen: Lieber Jesus opfern, als dass es einen Aufstand gibt und die Römer ein Blutbad anrichten.

Völlig plausibel gedacht. Irgendeiner bleibt eben immer auf der Strecke. So ist das Leben. Man kann nie allen gerecht werden.

Wird der Mindestlohn eingeführt (was viele fordern),

verdienen viele Menschen mehr. Aber möglicherweise werden dann wieder Arbeitsplätze abgebaut (das sagen andere).

Werden Hartz-IV-Sätze deutlich erhöht, werden viele, Kinder vor allem besser gestellt (sagen die einen). Aber ist dann noch Anreiz genug, zu arbeiten, wenn ich durch Arbeit kaum mehr verdiene, als ich durch staatliche Unterstützung bekomme (sagen die anderen)?

Einer muss immer dran glauben. Einer ist immer der Loser. Einer beißt immer ins Gras.

Wer war schuld an Jesu Tod?

Pontius Pilatus, der römische Statthalter, urteilt Jesus zwischen Frühstück und Vesper ab. Ab ans Kreuz mit ihm! Kein Sicherheitsrisiko im Römischen Reich, der Friede darf nicht in Gefahr gebracht werden. Lieber einen über die Klinge springen lassen, als dass es Probleme gibt. Die Staatsräson steht an erster Stelle. Damit tut man Kaiser Tiberius im fernen Rom den größten Gefallen.

Auch wir opfern Menschen für unseren persönlichen Frieden. Einen, der mich irgendwie mal blöd angemacht hat, den lasse ich künftig links liegen. Ich ignoriere ihn einfach, der ist für mich jetzt gestorben.

Geschwister reden 30 Jahre nicht mehr miteinander, obwohl sie im selben Ort wohnen, Nachbarn schauen sich nicht mehr an – wegen irgendeiner Lappalie vor Jahren, an die sie sich kaum noch erinnern.

Wer war schuld an Jesu Tod?

Das Hinrichtungskommando, das Jesus zuerst auspeitscht

und dann zur Kreuzigung abführt. Einfache Soldaten, die für ihren dreckigen Job bezahlt werden. Sie tun ihre Pflicht. Ganz unten am Ende der Befehlskette führen sie aus, was andere entschieden haben. Sie sind die kleinsten Rädchen im Getriebe. Können sie denn anders?

2010 wurde der frühere SS-Mann Heinrich Boere zu lebenslanger Haft verurteilt. Der 88-Jährige hatte gestanden, 1944 in den Niederlanden als Mitglied eines Mordkommandos drei Zivilisten erschossen zu haben. Boere verteidigte die Morde damit, damals in Befehlsnotstand gehandelt zu haben. Ich konnte nicht anders. Konnte ich wirklich nicht anders?

Wer war schuld an Jesu Tod?

Eine Menschenmenge begleitet die Verurteilten hinaus vor die Stadt, auf den Hügel Golgatha. Menschen, die um Jesus vielleicht weinten, die es schlimm fanden, dass gerade er ermordet wird. Aber die Menge hat keine Kraft, sich zu wehren und sich den römischen Soldaten entgegenzustellen. Sie bleiben Zuschauer, Zaungäste, vielleicht auch Voyeure.

Was können wir heute schon tun gegen das Elend in der Welt? Wenn wir die Bilder im Fernsehen anschauen, sind wir kurzfristig geschockt und berührt, aber hat das irgendwelche Konsequenzen? Was kann man als Einzelner schon tun? Vielleicht finden wir es toll, wenn Einzelne irgendwelche spektakulären Aktionen starten, wie z.B. die Organisation KIVA, die Mikrokredite an Arme vergibt und neulich von den Konfis vorgestellt wurde. Aber kommt es dann auch dazu, dass wir uns selbst engagieren? Meist bleibt es bei der guten Absicht.

Wer war also schuld an Jesu Tod?

Die Welt, wie sie damals war.
Das hätten auch wir sein können.
Das könnten auch wir sein.
Unsere Welt bringt Jesus ans Kreuz.
Auch wir.
Klingt das immer noch abwegig, verkorkst, krank?

Die Schuld dieser Welt – auch unsere – bringt Jesus ans Kreuz. Nicht nur irgendwelche bösen, heimtückischen Taten, auch das, was gut gemeint war und ganz anders ausgegangen ist. Dass wir daran scheitern, das Leben zu leben, das wir eigentlich leben sollten und oft auch leben wollen, unsere schmerzhaften Grenzen, die uns daran hindern, das Gute nicht nur zu wollen, sondern auch zu tun, unser Drehen und Kreisen um uns selbst ... und noch viel mehr ... das bringt Jesus ans Kreuz.

Das zu sehen kann einen in die Verzweiflung treiben – so wie Judas, der nicht damit leben konnte, was er angerichtet hatte.

Aber das ist nun das Besondere am Tod Jesu:

Jesus stirbt nicht nur *durch* die Menschen, er stirbt auch *für* die Menschen.

Ich stelle mir das so vor:

Alles, was Jesus ans Kreuz bringt, hängt wie eine riesige, dunkle Blase an ihm: All das, was Menschen mit sich herumschleppen, hängt an Jesus, es wird von seinem Kreuz angezogen wie von einem Magneten.

Die Schuld der ganzen Welt, alles, was schon längst vergangen ist, alles, was ist, und alles, was noch sein wird – da ist es versammelt in einer Schwärze, die sich niemand vorstellen kann.

Jesus ist da durch.

Schlimmer kann ein Ende nicht sein:

Ohne Freunde – alle weg!

Und unterm Kreuz seine Feinde: Steig doch runter, wenn du kannst – anderen hast du geholfen und kannst dir selbst nicht helfen?

Sogar die zwei armen Teufel neben ihm am Kreuz machen sich über ihn lustig.

Und dann noch eine Sonnenfinsternis – so, als ob sich diese gigantische schwarze Blase jetzt auf das ganze Land verteilen würde – drei Stunden Dunkelheit am hell-lichten Tag.

Tiefer kann keiner fallen!

Und dann stirbt Jesus. Und die Blase zerplatzt und all das Schwarze, Dunkle löst sich auf. Es hängt nicht mehr an Jesus. Belastet ihn nicht mehr. Und es muss auch uns nicht mehr belasten. Es ist weg. Wir sind frei.

Deshalb heißt der Karfreitag im Englischen »Good Friday« – guter Freitag. Schlecht für Jesus, gut für uns.

Es gab eine Reihe von Jahren, wo ich mit dieser Vorstellung Schwierigkeiten hatte – das ist heute wieder anders. Der Gedanke, auch unter dem Kreuz zu stehen, macht mich nicht mehr ärgerlich oder schreckt mich ab. Ich stelle mir vor, ich stehe unter dem Kreuz, und Jesus sieht mich an und sagt zu mir:

»Hab keine Angst vor meinem Kreuz. Hab auch keine Angst vor dem, was du mitbringst. Deine Last – leg sie ab. Sie soll dich nicht kaputt machen. Lass sie dir von deinen Schultern nehmen, ich nehme sie – und dann geh und sei frei!«

Gebet

Jesus,
dein Kreuz hat nur einmal getötet: dich.
Uns macht es frei.
Nimmt die Last von unseren Schultern.
Lässt uns aufatmen.
Und alle Vorwürfe und Schuldzuweisungen zerplatzen,
Raster und Schablonen verlieren ihre Kraft
und das Leben darf noch einmal von vorn beginnen –
mit dir
und deiner Liebe.
Das ist viel größer,
als wir begreifen können!

Gestaltungstipp

- Zur Predigt werden Bilder aus dem Leben Jesu eingeblendet (Filmmotive, künstlerische Darstellungen etc.).

Ich kann auch allein glauben!

Einleitung

Es könnte die Schicksalsfrage für die heutige Kirche sein: Gelingt es, den Menschen plausibel zu machen, dass man nicht allein glauben kann? Dass Glaube Gemeinschaft braucht, dass ein Christ andere Christen braucht und eine Christin andere Christinnen? Die wenigsten Menschen, die sich von der Kirche verabschieden, verabschieden sich vom Glauben. Das, was für sie Glaube ist – dafür brauchen sie Kirche nicht. »Ich kann auch allein glauben.«

Theater

Eine Person tritt mit einem Ball (z.B. Fußball) auf. Kickt eine Weile hin und her, lässt den Ball hüpfen etc., zum Schluss immer lustloser und setzt sich dann schließlich auf den Boden. Dann kommt plötzlich die Erleuchtung: Die Person steht wieder auf und wirft den Ball in die Gemeinde und provoziert, ihn weiterzuwerfen.

Predigt

Vor zwanzig Jahren, als ich noch ein kleiner Junge war ..., habe ich manchmal mit meinem Fußball gegen unser Garagentor gekickt. Damals gab es noch Tore aus Stahlblech, die richtig schön dröhnten, nicht diese neumodischen Lamellenjalousien, wo man nach dem ersten kräftigen Schuss schon Angst haben muss, das Tor geht nachher nicht mehr auf ...

Das habe ich dann maximal zehn Minuten ausgehalten, dann war die Luft raus – nicht aus dem Ball, sondern aus mir – es machte einfach keinen Spaß allein. Viel schöner wäre es gewesen, zusammen mit anderen zu kicken.

»Ich kann auch allein glauben!« Ja, das kann ich. Die Frage ist nur, was für ein Glaube wird das dann sein, der so allein für sich dahinvegetiert? Da ist schnell die Luft raus, wenn ich nur mit mir selbst zusammen bin und keine Chance habe, eine Gemeinschaft zu erleben ...

Ein paar O-Töne aus unserer Gemeinde:
Gemeinschaft (Gemeinde) ist für mich wichtig, weil ...

... es mir Mut macht und meinem Glauben Aufwind gibt, wenn ich sehe, dass andere mit mir auf dem Weg sind.

... wir uns gegenseitig bereichern.

... ich ein »Gegenüber« brauche.

... ich dort Menschen treffen kann, mit denen ich mich über Gott und die Welt austauschen kann.

Die Frage heißt nicht, ob ich Gemeinschaft brauche, um zu glauben, sondern: Will ich im Glauben wachsen oder nicht? Will ich mein Leben lang allein mit meinem Fußball gegen das Garagentor kicken, oder will ich in eine Mannschaft, mich mit ihr entwickeln und Herausforderungen erleben?

Wenn ich als Pfarrer Besuche mache, rechtfertigen sich Leute oft, dass sie zwar zur Gemeinde gehören, aber nie zum Gottesdienst kommen. Dann fallen oft Sätze wie: »Aber Herr Pfarrer, nicht dass Sie meinen – ich hab schon meinen Glauben.«

Ich käme nie auf die Idee, jemandem den Glauben abzusprechen. Aber ich möchte schon fragen: Was für ein Glaube ist das, den du da hast? Spürst du wirklich, dass da etwas lebendig ist? Dass sich etwas verändert? Dass dieser Glaube dein Leben bestimmt?

Oder ist das nur eine religiöse Grundierung, so eine Art kosmische Hintergrundstrahlung, die zwar irgendwo da ist, aber eben nur im Hintergrund strahlt?

Ist dein Glaube nur für den Notfall, wenn es dir schlecht geht? Oder ist das etwas für alle Tage, eine Quelle, aus der du jeden Tag neu schöpfen kannst? Wo du herausgefordert wirst, auch neue Schritte zu machen?

Und ist Gott ein wirkliches Gegenüber, mit dem du reden und rechnen kannst, oder ein ferner Herrgott, der zwar da ist, aber mit dem du nicht wirklich eine Beziehung hast?

Wenn ich will, dass mein Glaube lebendig bleibt und sich entwickelt, brauche ich Gemeinschaft, denn Gemeinschaft ist Training, und ohne Training kein Wachstum!

Was tun Menschen nicht alles für ihren Körper? Sie investieren eine Menge Geld, opfern kostbare Lebenszeit und setzen unglaublich viel Energie ein, um sich fit zu halten. Aber so wie Muskeln nicht von allein wachsen, wächst auch unsere Seele nicht allein.

Auch der Glaube kann sich nur entwickeln, wenn er trainiert wird. Und dazu brauchen wir einander.

Will ich, dass mein Glaube so bleibt, wie er ist, oder will ich, dass er wächst?

In der Bibel werden in der Apostelgeschichte vier Kennzeichen von Gemeinde geschildert:

»Sie hielten an der Lehre der Apostel fest und an der Gemeinschaft, am Brechen des Brotes und an den Gebeten.« (Apg 2,42)

MITEINANDER LERNEN

An der Lehre festhalten: miteinander lernen und vorankommen. Glaube ist kein Chip, der implantiert wurde – und das war's. Ich brauche Impulse, Anregungen aus der Bibel, Meinungsaustausch mit anderen.

Die »Lehre der Apostel« – Gottes Wort – ist etwas Lebendiges, das sich erst durch Auslegung erschließt.

Es ist eine der stärksten Erfahrungen, die Menschen in einer solchen Lerngemeinschaft machen, wenn sie merken: Anderen geht es genauso wie mir. Und ich darf auch kritisch sein und meine Zweifel aussprechen.

Dazu ein O-Ton: »Gemeinschaft ist für mich wichtig, weil ich da mit meinen Zweifeln nicht alleine bin und deshalb nicht verzweifeln muss.«

Nicht einfach nachbeten, was einer vorgibt. Selber denken. Miteinander und voneinander lernen.

Selbstkritisch muss ich für meine Gemeinde sagen: Das findet bei uns noch zu wenig statt. Wir nehmen uns zu wenig vor für uns selbst. Wir sind zufrieden, wenn's läuft, statt zu sagen: Was möchten wir in diesem Jahr als Gemeinde lernen? Worin möchten wir uns weiterentwickeln?

Im Fitness-Studio macht der Trainer einen Übungsplan. Wir müssten viel mehr füreinander geistliche Trainer sein und füreinander Übungspläne erstellen: Wohin wollen wir eigentlich? Was ist unsere Vision? Und was hilft uns, dahin zu kommen?

GEMEINSCHAFT

Einmal im Jahr fahren wir als Männergruppe für ein Wochenende in die Berge. Jeden Tag gehen wir einen Wegabschnitt im Schweigen. Nicht immer ganz leicht – auch Männer reden gern. Meistens halten wir dann größere Abstände zueinander, und manchmal sieht man dann gar niemanden mehr. Aber auch dann weiß ich: Die anderen sind da, und in meinem Schweigen und in dieser Stille bin ich ganz anders gehalten, als wenn ich allein unterwegs wäre.

Wieder ein O-Ton: »Gemeinschaft ist für mich wichtig, weil sie trägt und Gott mittendrin ist, spürbar.«

Gemeinschaft trägt – das erleben Menschen in unserer Gemeinde, in den verschiedenen Gruppen, denen sie angehören.

Jemand im Kirchenchor ist über einen längeren Zeitraum krank und wird besucht, immer und immer wieder.

Im Frauenkreis wird eine Geburtstagskarte geschrieben für eine Frau, die nicht mehr kommen kann – sie ist nicht vergessen.

In der Fürbitte im Gottesdienst wird an Menschen gedacht, die es gerade schwer haben.

Im Konfirmandenunterricht lernen Jugendliche, andere auszuhalten und mitzutragen.

Gemeinschaft trägt. Sie fördert meinen Glauben, aber sie fordert ihn auch heraus.

Denn Gemeinschaft bedeutet immer auch Konflikte. Konflikte gehören von Anfang an zur christlichen Gemeinde. Sie gehören auch zu unserer.

Aber nur durch Konflikte kann mein Glaube wachsen. Sich aneinander reiben, übereinander ärgern, manchmal alles hinschmeißen wollen, aber dann doch nicht hinschmeißen, weil es Vergebung gibt – das ist Wachsen in der Gemeinschaft.

BROTBRECHEN (TISCHGEMEINSCHAFT)

Jesus Christus – die Mitte. Das wird im dritten Kennzeichen von Gemeinde deutlich: Brot brechen, Abendmahl feiern.

Hier vorne gemeinsam stehen, keiner ist größer oder kleiner, keine wichtiger oder weniger wichtig, niemand besser oder schlechter ...

Ich nehme das Brot und weiß: Es kommt nicht aus der Hand des Kirchenältesten, sondern von Jesus selbst. Er kommt zu mir, vergibt mir meine Schuld – das kann mir niemand sonst auf dieser Welt sagen!

Und neben mir steht nicht einfach Frau X oder Herr Y, sondern eine Schwester, ein Bruder in Christus, ein Mensch, der Gott genauso am Herzen liegt wie ich, und wir gehen diesen Weg gemeinsam.

GEBETE (GOTTESDIENST)

Mit Gebeten sind hier die Gottesdienste gemeint. Also mehr als Gebete.

Wenn ich an die vielen, vielen Gottesdienste zurück-
denke, die ich schon erlebt habe: Da waren viele ganz
normale dabei – sozusagen normale Trainingsstunden,
wo kein Highlight auf einen wartet und die trotzdem
wichtig sind, um in Übung zu bleiben.

Und dann erinnere ich mich an Gottesdienste, die mich
unglaublich inspiriert haben: als Jugendlicher in meiner
Gemeinde in München, auf Freizeiten, auf Kongressen, in
Taizé – nicht einfach Events, sondern Gottesdienste, wo
mich Gott tief berührt hat: durch eine Predigt, durch die
Musik oder durch die Gemeinschaft mit anderen. Auch
hier habe ich solche Gottesdienste schon erlebt – zusammen mit anderen, hier in COME, aber auch in anderen
Gottesdiensten –, wo du auf einmal das Gefühl hast, du
bist im Endspiel und um dich herum dreht sich das Stadion wie im Traum ...

Menschen, die vor Gott zusammenkommen und eins
werden, miteinander singen und beten und sich öffnen
für Gott – das ist der ideale Nährboden für den Glauben
– das kann ich niemals allein!

Aber es ist schwierig, jemandem Lust darauf zu machen.
Wie kann ich einem das Bergsteigen attraktiv machen, der
noch nie auf einem Gipfel war, noch nie die Anstrengung
gespürt hat, das Staunen beim Zurückblicken und das Glück,
oben zu sein und auf die Welt darunter zu schauen? Eigentlich kann ich nur sagen: Komm mit und schau dir's an!

Wenn jemand heute Abend Interesse an Gemeinde bekommen hat – dann: Komm und schau dir's an, mach
mit, sammle Erfahrungen – und du wirst sehen.

Das Team vom COME-Gottesdienst steht nach dem Gottesdienst wie immer zum Gespräch bereit, auch für Kritik.

In Wahrheit war der Fußballverein für mich als Kind keine Option: Ich war pummelig, zu wenig ausdauernd im Rennen und hatte immer Angst, jemand könnte mir die Brille kaputtschießen – schon beim Schulsport wanderte ich daher ins Tor, damit war immerhin ein Teil des Tores schon abgedeckt ...

Gemeinde ist anders: Da ist Platz für Menschen mit unterschiedlichen Gaben: für welche, die kicken können, und für welche, die Volleyball können, für welche, die Ballett können, und für welche, die glauben, gar nichts zu können. Und die werden entdecken, dass sie auch etwas können!

Gebet

So viel kann wachsen in der Gemeinschaft mit anderen,
so viel kreative Energie kann freigesetzt werden,
so viel kann getragen werden.

Danke, Gott, dass wir nicht allein auf dem Weg sind,
dass wir uns gegenseitig bereichern,
stützen und tragen,
miteinander streiten und uns versöhnen.

Danke für jeden Moment,
wo deine neue Welt aufblitzt
mitten in unserer Gemeinde.

Danke für alle, die dazukommen
und Lust haben, sich darauf einzulassen.

Gestaltungstipp

- Interview mit Mitgliedern einer Gemeindegruppe.

- Einen Gemeinde-Flyer am Ausgang auslegen bzw. mitgeben.

- O-Töne von Menschen aus der Gemeinde einbauen zum Satzanfang: »Gemeinschaft ist mir wichtig, weil ...«

Christsein – mehr Last als Lust?

Einleitung

»Was soll ich eigentlich noch alles machen?!« Ist Ihnen dieser Gedanke schon mal durch den Kopf gegangen? Ich vermute, den meisten schon. Wer eingespannt ist in berufliche und familiäre Pflichten und sich darüber hinaus vielleicht noch engagiert, muss sich manchmal schon fragen: Ist das Leben eigentlich nur Pflicht? Und Christsein vielleicht nur noch eine weitere Pflicht? Wo ich dies und das tun muss, damit ich überhaupt diesem Anspruch genüge.

Ist Christsein mehr Last als Lust? Heute Abend wollen wir dieser Frage nachgehen – ich hoffe, Sie haben Lust dazu!

Theater

Zwei Kollegen im Büro. Der eine schaut beim andern ins Zimmer.

Mike: So, fast geschafft! Ich freu mich schon aufs Wochenende!

Simon: Geht mir genauso – die Woche war echt hart!

Mike: Hast du Lust, morgen Abend bei mir vorbeizuschauen? Ich lade ein paar Leute ein ...

Simon: Ah, schade, Lust hätte ich schon, aber ich hab dieses Wochenende so viel zu tun ...

Mike: Also hör mal, keine Familie und dann so viel zu tun? Was treibst du denn alles am Wochenende?

Simon: Bei uns in der Gemeinde ist megaviel los. Wir haben am Sonntag so 'ne Art Gemeindefest. Da tritt unsere Band auf. Und heute Abend ist Generalprobe.

Mike: Dann kannst du doch einen Tag später zu mir kommen ...

Simon: Den Samstagabend habe ich schon den Mädels versprochen, die das Theaterstück aufführen. Wenn die ihr Bühnenbild aufbauen, brauchen die immer technische Verstärkung: Kabel verlegen, Mischpult aufbauen, Licht usw. – das ist gar nicht so ohne ...

Mike: Schade, dann geht mein neuer schottischer Whisky leider an dir vorbei – frisch aus dem Urlaub mitgebracht.

Simon: Wirklich schade, denn so, wie ich dich kenne, lasst ihr davon nichts mehr übrig. Ich werde dann immerhin Sekt genießen ...

Mike: Beim Aufbau trinkt ihr Sekt?

Simon: Ja, klar, das ist jedes Mal ein richtiger Event! Da gibt's kalte Brötchen und Kuchen und Sekt – da wirst du so richtig bei Laune gehalten. Ich muss dann nur immer aufpassen, wer auf die Leiter steigt ...

Mike: Wenn man dich so reden hört von deiner Gemeinde, das muss wirklich ein toller Verein sein.

Simon: Ist es auch – immerhin bin ich ja dabei, oder?! *(grinst)*

Mike: Du wirst es vielleicht nicht glauben, aber ich hab mir schon überlegt, ob ich da nicht mal mitgehen soll.

Simon: Warum nicht?

Mike: Ja, pass auf – wenn ich dann aber sehe, was du alles für deine Gemeinde machst – da krieg ich den Horror! Angenommen, ich gehe da mal hin, dann heißt es doch gleich: Du kannst ja sicher auch in der Band mitmachen wie dein Kollege, und bei den Bausachen – da bringst du ja beruflich schon alles mit, und in drei Wochen ist so ein Fest, da brauchen wir auch dringend noch Leute für die Vorbereitung, und und und ... Das pack ich einfach nicht!

Predigt

Ich würde gern eine kleine Umfrage mit Ihnen durchführen. Wenn Sie meinen, dass ein Satz zutrifft, heben Sie bitte die Hand.

Ein Christ/eine Christin ...

· geht sonntags zum Gottesdienst;

· ist immer für andere da, wenn er oder sie gebraucht wird;

· engagiert sich ehrenamtlich;

- liest täglich in der Bibel;
- betet jeden Morgen *(abwarten)* … für einen deutschen EM/WM-Sieg;
- setzt binnen einer Woche im Alltag um, was er/sie in der Predigt gehört hat.

Wir alle haben Vorstellungen, z.T. auch Klischees über das Christsein. Und manche fragen sich vielleicht, wenn sie sich daran messen: Bin ich überhaupt ein Christ? Oder: Bin ich eine gute Christin?

Denn die Realität sieht vielleicht ganz anders aus:
- Ich war seit x-Wochen nicht mehr im Gottesdienst.
- Ich bin schon froh, wenn ich Familie und Beruf schaffe, ich habe gar keine Kraft mehr, mich auch noch ehrenamtlich zu engagieren.
- Ich bete eigentlich nur in Krisensituationen.

Schaffe ich das mit dem Glauben überhaupt? Das, was ich tun muss, um ein richtiger Christ, eine gute Christin zu sein? Glaube ist doch etwas, was zu meinem Leben erst noch dazukommen muss: Mein Leben ist das eine – das Christliche muss dann noch dazukommen: als Plus, etwas, das ich zusätzlich tue, wo ich aktiv bin.

Und eigentlich habe ich schon jede Menge zu tun: Beruf, Familie, Haushalt etc. Und dann soll das andere noch dazukommen: beten, Bibel lesen, in den Gottesdienst gehen, mich engagieren.

Dahinter steht die Vorstellung: Unsere Welt ist in zwei Bereiche geteilt: in einen profanen Bereich – das ist mein Leben. Und in einen heiligen Bereich – das ist das Christliche. Ich muss genügend Kraft haben, beides zusammenzubringen bzw. den einen Bereich dann noch »draufzusetzen«.

Aber in zwei Welten zu denken ist gerade nicht christlich. Im Neuen Testament steht es ganz anders:

»Alles, was ihr tut mit Worten oder mit Werken, das tut alles im Namen des Herrn Jesus und dankt Gott, dem Vater, durch ihn.« (Kol 3,17)

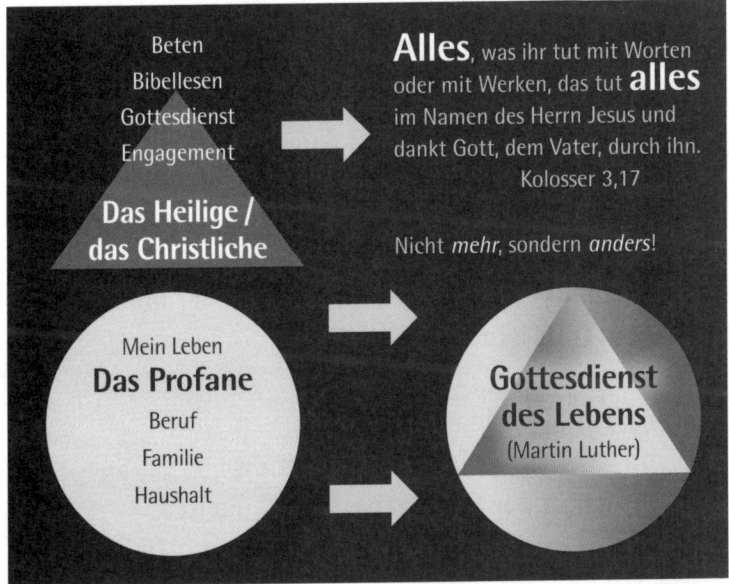

Alles, was ihr tut, tut im Namen Jesu!

Alles, was ihr tut – nicht: Tut noch viel mehr als bisher!

Alles: Das, was ihr sowieso schon tut, also eure täglichen Arbeiten und Pflichten und Aufgaben – das ist alles. Und das alles tut im Namen Jesu!

Tut nicht noch mehr oder anderes, sondern tut das,

was ihr sowieso schon tut ... aber anders!
Nicht *mehr*, sondern *anders*!

Es anders zu tun heißt zuerst, sich klarzumachen: Ich bin hier nicht der Erste (oder die Erste): Jesus ist schon da.

In allem, was ich tue und sage und denke und fühle, ist Gott bei mir, steht hinter mir, an meiner Seite.

Die Volxbibel übersetzt so: »Egal, was ihr macht, ob ihr jetzt gerade redet oder irgendwas arbeitet, nehmt Jesus überallhin mit.«

Ganz gut übersetzt, aber noch nicht optimal. Denn ich muss Jesus nicht mitnehmen! Jesus ist schon längst da! Leise, unauffällig. Doch es ändert sich alles, wenn ich weiß: Er ist da!

Dadurch bekommt mein Leben, das angeblich Profane, nämlich auf einmal eine ganz andere Färbung: Mitten in meinem Leben ist Gott da. Das Heilige mitten im Profanen. Ich muss ihn nicht herbeiziehen oder mich zu ihm hinziehen. Gott ist da.

Wenn ich abspüle – Gott ist da.
Wenn ich im Bus fahre – Gott ist da.
Wenn ich in der Schulbank sitze – auch.
Wenn ich mich mit meinen Eltern fetze ... (mit 15 oder mit 50)
Wenn ich meine Blumen gieße ...
Im Namen Jesu tue ich das ... ich tue es und weiß: Gott ist da.

Es sind dieselben Situationen wie immer – und doch anders: Denn ich weiß: Jesus ist bei mir.

Das hat unglaubliche Auswirkungen auf unser Tun. Denn wenn wir uns das immer wieder klarmachen, dann färbt Jesus sozusagen auf uns ab.

Bitte gehen Sie in Gedanken mal eine Problemsituation durch, die immer wiederkehrt: z.B. ein Mensch, der Sie ganz besonders herausfordert und bei dem Sie ständig an Ihre Grenzen kommen. Und wenn Sie mögen, schließen Sie dazu die Augen.

Wie verläuft diese Begegnung normalerweise? Ist das vielleicht schon vorprogrammiert? Und dann stellen Sie sich dieselbe Begegnung nochmal vor. Jetzt steht Jesus hinter Ihnen. Stützt Sie. Vielleicht schiebt er auch ein bisschen. Hält. Gibt Sicherheit. Sie werden ruhig. Sie müssen sich nicht beweisen. Er ist da. Sie können sich ganz auf den anderen Menschen einlassen ...

Verläuft die Begegnung anders? Verändert sich da etwas? Bei Ihnen, in Ihrer Sicht auf den anderen?

Ein Bruder, erzählt die Bibel, hatte den anderen übers Ohr gehauen. Ziemlich linke Sache. Der andere kochte vor Wut. Bei der nächstbesten Gelegenheit würde er den Bruder fertig machen. Da blieb keine andere Wahl als zu fliehen.

Und er flieht. Jakob, der eine Zwillingsbruder, lässt alles zurück, und geht allein. Tage. Wochen. Eines Abends irgendwo im Niemandsland. Keine Menschenseele auf Kilometer, ein einsamer Himmel wölbt sich über ihm, Lichtjahre entfernt das Heilige, Gott, er mutterseelenallein. So legt er sich schlafen, und ein Stein muss ihm als Kopfkissen dienen.

Und er träumt: Eine Leiter reicht vom Himmel bis auf die Erde herab, und auf dieser Leiter steigen Engel auf und nieder, berühren die Erde mit ihren Füßen, gehen ihrer Wege und kehren zurück in den Himmel. Geschäftiges Treiben hin und her, der Himmel ist durchlässig geworden.

Als Jakob am nächsten Morgen aufwacht, reibt er sich erstaunt die Augen: Hier ist die Pforte des Himmels, und ich wusste es nicht! Hätte Gott mir nicht die Augen geöffnet: Ich hätte es nie erfahren. Jetzt weiß ich: Jeder Ort auf der Erde kann Himmel sein.

Gebet

Ich muss nicht weit weg gehen,
um dich zu treffen.
Ich muss keine Pilgerreise unternehmen,
um dich zu erfahren.

Du bist hier,
bevor ich hier bin.
Umgibst mich.
Stärkst mich.
Öffnest mir die Augen
für das, was wächst,
für das, was wachsen kann.

In deiner Gegenwart.

Gestaltungstipp

* Präsentation zur Predigt